Um espelho para relembrar

TSELE NATSOK RANGDROL
tradução de Paula Rozin

Um espelho para relembrar
esclarecimento dos pontos gerais dos **bardos**

LÚCIDA LETRA

© 2018 Editora Lúcida Letra
Tradução do original publicado por
Rangjung Yeshe Publications: The Mirror of Mindfulness

Coordenação editorial • Vítor Barreto
Tradução • Paula Rozin
Preparação • Thaís de Carvalho
Revisão • Josiane Tibursky
Revisão técnica do glossário • Lama Lhawang
Projeto Gráfico, diagramação e capa • Olivia Pezzin e Bruno Melnic

Dados Internacionais de Catalogação na Publicação (CIP)

S669e   Sna-tshogs-raṅ-grol, Rtse-le Rgod-tshaṅ-pa, 1608-.
         Um espelho para relembrar : esclarecimento dos pontos gerais dos bardos / Tsele Natsok Rangdrol ; tradução de Paula Rozin. – Teresópolis, RJ : Lúcida Letra, 2018.
         160 p. ; 23 cm.

       Inclui apêndice.
       Tradução de: The mirror of mindfulness.
       ISBN 978-85-66864-64-9

1. Budismo - Estado intermediário. 2. Morte - Aspectos religiosos - Budismo tântrico. 3. Vida espiritual - Budismo tântrico. I. Rozin, Paula. II. Título.

CDU 294.3

CDD 294.3423

Índice para catálogo sistemático

1. Budismo : Estado intermediário   294.3

Bibliotecária responsável: Sabrina Leal Araujo – CRB 8/10213

*Dedicado à vida longa de
Tulku Chökyi Nyima Rinpoche*

09 • Prefácio de Sua Santidade Dilgo Khyentse Rinpoche
11 • Prefácio do Venerável Tulku Chökyi Nyima Rinpoche
13 • Prefácio do tradutor para a língua inglesa
19 • Agradecimentos
21 • Discurso introdutório do Venerável Tulku Urgyen Rinpoche
33 • Prólogo

1 • 37
O bardo natural desta vida

2 • 45
O bardo doloroso da morte

3 • 61
O bardo luminoso de Dharmata

4 • 79
O bardo cármico do renascimento

97 • Epílogo
99 • Posfácio do tradutor para a língua inglesa
101 • Apêndice: os tantras Dzogchen
105 • Glossário

PREFÁCIO
De Sua Santidade Dilgo Khyentse

O grande estudioso Tsele Pema Legdrub foi uma emanação do corpo do grande tradutor Vairochana e atingiu o apogeu do aprendizado e realização dos mestres das Terras das Neves. Também conhecido como Kongpo Gotsang Natsok Rangdröl, era incomparável nas suas três qualidades de erudição, virtude e nobreza mental.

Dentre os cinco volumes da coletânea de suas obras, considerei que esta explanação dos bardos beneficiaria a todos os interessados no Dharma. As palavras são claras e fáceis de compreender e não enfatizam explicações extensas e eruditas. Este texto, fácil de entender e contendo todos os pontos principais e as instruções diretas, resulta de terem sido seguidas as instruções orais de um mestre qualificado.

A fim de ajudar os estrangeiros que se interessam pelo Dharma a desenvolver verdadeira confiança, eu, o velho Dilgo Khyentse, estimulei meu aluno Erik Pema Kunsang a traduzir este livro para o inglês. Portanto, que possam todos nela confiar!

Escrito no vigésimo quinto dia
do primeiro mês do ano do Dragão de Terra.

PREFÁCIO
de Tulku Chökyi Nyima

Foram muitas as razões pelas quais escolhi o texto *Um Espelho para Relembrar*, de Tsele Natsok Rangdröl, para o seminário de 1987. Primeiramente, o tema de morte e renascimento é muito importante e pertinente tanto para os budistas como para os não budistas. O Budismo Tibetano tem muitos livros que abrangem ensinamentos sobre esse tema, e este texto é especialmente adequado, pois é fácil de entender. O estilo do autor é muito claro, preciso e direto.

Sua Santidade Dilgo Khyentse Rinpoche e Tulku Urgyen Rinpoche recomendaram que *Um Espelho para Relembrar* fosse estudado pelos meus alunos e, assim, decidi torná-lo disponível em uma esfera mais ampla. Por favor, leiam este texto com cuidado e levem seu significado ao coração. Que o entendimento desses ensinamentos possa ser benéfico para todos os seres!

Monastério Ka-Nying Shedrup Ling

Boudhanath, Nepal

Setembro de 1987

PREFÁCIO
Do tradutor para a língua inglesa

O texto *The Mirror of Mindfulness* [Um Espelho para Relembrar][1] é a tradução de um comentário sobre os estados de bardo que são bem conhecidos dos praticantes avançados no Tibete. Juntamente com as obras de Tsele Natsok Rangdröl sobre os sistemas Mahamudra e Dzogchen, ele forma uma trilogia que abrange as instruções orais mais sutis da prática do Vajrayana. A aspiração de Tulku Chökyi Nyima Rinpoche é tornar disponíveis esses textos tão importantes para os praticantes da língua inglesa.

O autor, Tsele Natsok Rangdröl, nasceu próximo à fronteira entre as províncias tibetanas de Kongpo e Dakpo no ano de 1608. Foi reconhecido como uma reencarnação de Gotsangpa, grande mestre da linhagem Drukpa Kagyü e uma emanação de Milarepa. Na juventude, estudou com o Terceiro Pawo Rinpoche e o renomado tertön Jatsön Nyingpo, assim como outros grandes mestres da linhagem Kagyü e Nyingma.

As informações autobiográficas sobre Tsele Natsok Rangdröl foram fornecidas por Sua Santidade Dilgo Khyentse a partir da história da vida interior do Primeiro Jamgon Kongtrül. Segundo esse texto, Tsele Rinpoche era considerado uma das várias encarnações passadas de Jamgon Kongtrül:

> *Foi profetizado que o grande mestre erudito Tsele Padma Legdrub Natsok Rangdröl seria a encarnação do corpo do grande tradutor Vairochana. Reconhecido como a reencarnação do incomparável Tendzin Dorje, foi convidado para estudar no Monastério Thangdruk, fundado pela sua encarnação anterior. Tendo servido a vários mestres realizados e eruditos, incluindo Gangra Lochen, compreendeu profundamente o conhecimento das escrituras filosóficas e as*

---

[1] O título completo em tibetano é *Bar do spyi'i don thams cad rnam pa gsal bar byed dran pa'i me long* [Um Espelho para Relembrar: Esclarecimento dos Pontos Gerais dos Bardos].

instruções orais dos Sutras e Tantras, segundo as escolas novas e antigas. Como era extremamente disciplinado, até mesmo a bebida alcoólica de suas oferendas para celebrações era preparada com água e melado. Sua língua jamais tocou uma gota de álcool.

Nos últimos anos de sua vida, viveu em Palri Götsang, na caverna de Deshek Tse, ao sul, e em outros lugares, onde aperfeiçoou a realização do Mahamudra e do Dzogchen. Dentre seus discípulos, estão Gampopa Sangpo Dorje, Bomting Chöje Miphampa, Tau Pema Lodrö.

Os ensinamentos do bardo de ambas as linhagens estão reunidos em *Um Espelho para Relembrar*, que une os pontos principais da visão, meditação e prática dos quatro bardos de uma maneira que possa ser aplicada ao nível da experiência pessoal de meditação do aluno.

Este guia prático de como enfrentar todos os eventos durante a vida e a morte tem como tema principal os quatro bardos, que, juntos, abrangem todo o ciclo da vida, da morte, dos estados pós-morte e do renascimento. O livro explica esses quatro bardos nos seguintes capítulos:

1. O bardo natural desta vida.
2. O bardo doloroso da morte.
3. O bardo luminoso de dharmata.
4. O bardo cármico do renascimento.

Qual é o significado da palavra tibetana "bardo"? Literalmente, significa "estado intermediário", espaço ou período entre dois eventos, período de transição na série de mudanças que um ser senciente passa em um ciclo interminável de nascimentos e mortes chamado samsara.

A fim de ler este livro com a mente aberta, devemos reavaliar a visão de mundo do niilismo materialista ensinada à maioria dos ocidentais, que aprenderam a adotá-la sem questionamentos. Se acharmos que um ser humano é meramente um acidente da natureza ou um organismo biológico que nasce, tenta sobreviver, reproduzir e depois morre, sem deixar nada, a não ser um cadáver de partículas materiais, então, não teremos muitas oportunidades de desenvolver a espiritualidade. Esse ponto de vista niilista é baseado nas percepções das pessoas comuns.

Um ser iluminado, como o Buda Shakyamuni, por outro lado, ensina de acordo com um insight extraordinário sobre a vida e a realidade. Esse insight iluminado pode ser testado na experiência de qualquer pessoa. O Buda ensinou que o corpo físico é apenas uma morada temporária; na verdade, uma excelente morada, porém, não tão importante quanto seu habitante – a consciência – que é um continuum de cognição.

No presente, nossa consciência está temporariamente inserida em um corpo humano. Entretanto, a condição de ter esse corpo dura um período de tempo indeterminado. Esse é o primeiro estado intermediário: o bardo natural desta vida.

Depois de nascer, crescer, viver uma vida e talvez envelhecer, o corpo morre, mas a mente não. Por certo período, a consciência passa por uma separação deste estado de corporificação e entra em um estado sem uma base sólida. Esse é o segundo estado intermediário: o bardo doloroso da morte.

A base para a consciência não é composta de partículas materiais e, portanto, não está sujeita à mudança ou à transformação de partículas. No entanto, diferentemente do espaço físico, ela tem uma capacidade cognitiva que dá origem à manifestação. No terceiro estado intermediário – o bardo luminoso de dharmata –, a pessoa está desencarnada, isto é, sem nenhum suporte físico. A mente se apresenta em sua forma nua e crua; existe apenas dharmata, "aquilo que naturalmente é". Nesse estado, é dito que a percepção e a experiência são sete vezes mais vívidas do que as comuns. Consequentemente, a oportunidade para a confusão ou clareza é intensificada sete vezes. As manifestações da nossa natureza básica, dharmata, podem ser vivenciadas como um pesadelo de demônios assustadores ou como um reino puro de seres divinos.

Quando as tendências habituais de apego à dualidade – que se originam da ignorância sobre a natureza primordial da mente e que estão entranhadas na base da consciência – readquirem força depois de um breve intervalo de tempo, o ser neste estado intermediário busca se recorporificar de acordo com seus hábitos cármicos, agora prontos para amadurecer. Esse é o quarto estado intermediário: o bardo cármico do renascimento.

Depois de certo tempo, acontece a entrada em um novo corpo, não necessariamente humano, e o ser encontra-se de novo no primeiro bardo.

Esse ciclo continua indefinidamente, a menos que alguém nasça como um ser humano e faça uma conexão com um mestre e os ensinamentos corretos. Os objetivos e os propósitos tão primordiais no primeiro bardo, tal como riqueza, poder, posição social e fama, parecem fúteis e sem sentido quando se reconhece que essas realizações mundanas serão deixadas para trás ao passar pelos outros bardos.

Mas *Um Espelho para Relembrar* não é meramente uma lição esotérica sobre a inutilidade e a futilidade das preocupações mundanas. Tsele Natsok Rangdröl dá os pontos-chave da Linhagem Práxis de como lidar com a situação em cada um dos quatro bardos, isto é, como enfrentar a situação diretamente e aproveitar as oportunidades que cada bardo apresenta, de acordo com os ensinamentos orais dos mestres da Linhagem Práxis.

O Buda ensinou que as condições para a liberação do ciclo de renascimentos samsáricos e a realização da iluminação para o bem-estar dos outros são: ter um corpo humano, encontrar um mestre qualificado, receber as instruções orais e aplicá-las à própria experiência por meio da prática. Este livro resume essas instruções orais e oferece conselhos práticos que se destinam a ser adotados pessoalmente.

O leitor pode encontrar muitos termos incomuns neste texto, porque ele foi escrito por um praticante dos ensinamentos budistas mais sutis e profundos para outros praticantes de tais ensinamentos. Portanto, as palavras e expressões utilizadas necessitam da explicação de um mestre qualificado. O glossário no final do livro também pode ajudar, pois inclui a versão em tibetano dos termos.

Gostaria de recomendar a leitura de alguns livros sobre os quatro bardos que estão disponíveis em inglês:

• *The Rain of Wisdom*, do Nalanda Translation Committee, traduzido sob a direção de Chögyam Trungpa (Shambhala Publications, 1980; 1988), onde é abordada a maior parte dos ensinamentos relativos ao primeiro bardo, o bardo natural desta vida.

• *The Tibetan Book of the Dead: The Great Liberation through Hearing in the Bardo*, traduzido com comentário de Francesca Fremantle e Chögyam Trungpa (Shambhala Publications, 1987), abrange os três últimos bardos.

• *Union of Mahamudra e Dzogchen*, de Chokyi Nyima Rinpoche, Seminário 1985 (Rangjung Yeshe Publications, 1986), abrange todos os quatro bardos.

Em português temos a tradução da seguinte obra:

• *O Livro Tibetano dos Mortos: A Grande Libertação Pela Auscultação nos Estados Intermediários*, de Graham Coleman, Thupten Jinpa, Gyurme Dorje, (Editora Martins Fontes, São Paulo, 2010)

Agradecimentos

Esta tradução foi feita na ocasião do 7º Seminário Anual de Outono sobre a teoria e a prática budista, realizado no *Instituto Rangjung Yeshe* de Boudhanath, Nepal, em outubro de 1987. De acordo com o conselho de S.S. Dilgo Khyentse, Tulku Chökyi Nyima Rinpoche expressou o desejo de usar *Um Espelho para Relembrar* como base para sua série de palestras e, assim, assumi a tarefa de traduzir esta obra. Durante o processo de aprimoramento da tradução, contamos com as preciosas instruções orais de Tulku Urgyen e Chökyi Nyima Rinpoche para esclarecer pontos obscuros do texto.

Gostaria de agradecer a esses professores e a todos os amigos que ofereceram seu tempo e energia, especialmente à Márcia Schmidt, que corrigiu o texto comparando-o com o original em tibetano; Judy e Wayne Amtzis, responsáveis pela edição; assim como Ani Lodro, George MacDonald, Andreas Kretschmar, Bo Colomby e Donna Holley, por suas sugestões úteis.

Erik Pema Kunsang

Monastério Ka-Nying Shedrup Ling

Boudhanath, Nepal

Setembro de 1987

DISCURSO INTRODUTÓRIO
do Venerável Tulku Urgyen Rinpoche

Vários ocidentais se perguntam por que o estado intermediário após a morte é descrito pelos mestres tibetanos como uma passagem horripilante e terrível, além de uma experiência assustadora, cheia de luzes, cores e sons intensos, quando, ao mesmo tempo, pesquisas feitas por hipnólogos ocidentais sugerem que a experiência pós-morte é muito agradável, sem qualquer desconforto ou sofrimento. Em resposta, eu pergunto: "As pessoas sob hipnose estão realmente mortas?" Não, elas ainda estão respirando, ao passo que uma pessoa morta não respira. Os hipnotizados têm apenas uma imitação, uma impressão mental instável da morte, e não uma experiência direta.

O autor deste texto, Tsele Natsok Rangdröl, era um mestre extremamente sábio e realizado que viveu no Tibete, tão famoso quanto Longchen Rabjam e Mipham Rinpoche. Também era chamado de Gotsangpa ("Habitante do Ninho do Abutre"), porque passou longos períodos em locais de retiro, cavernas e eremitérios nas montanhas do grande mestre Gotsang Gonpo Dorje, da linhagem Drugpa Kagyü, onde atingiu sua realização. Sendo um grande e eminente mestre, realizou em sua inteireza todos os ensinamentos das escolas do Budismo Tibetano, especialmente a Kagyü e a Nyingma. Conta-se que ele absorveu os ensinamentos das Oito Grandes Carruagens da Linhagem Práxis, assim como todo o samsara e o nirvana, com tanta clareza quanto o faria a respeito de algo colocado na palma de sua mão. Dentre seus principais escritos, estão as explicações dos sistemas Mahamudra e Dzogchen.

Existe um grande número de explicações e comentários sobre os estados do bardo. Este é o texto mais lúcido e conciso de todos. Pode ser explicado em detalhes por professores eruditos, mas pessoas sem muita instrução também conseguem entendê-lo com facilidade. Toda a obra de Tsele, seja Mahamudra ou Dzogchen, é também única neste aspecto: seus escritos são muito impressionantes.

Dentre os diferentes estilos de ensinamentos do Darma – palavras do Buda e os shastras dos panditas – este texto é um shastra que apresenta os estados do bardo. Os shastras são tratados que elucidam as palavras de Buda. Tsele escreveu este como um manual de instrução, e não como um tratado filosófico, por isso ele é tão fácil de entender. Por que devemos aprender sobre o estado do bardo? Normalmente falamos de três aspectos: a vida presente, o bardo e a próxima vida. Na próxima vida, que segue ao estado intermediário, ou vagamos ainda mais pela existência samsárica, indo a um reino elevado ou a um inferior, ou atingimos a liberação e a iluminação. No momento, nós nos encontramos na vida presente; e o estado intermediário – ou estado do bardo – está entre os dois.

Algumas vezes fala-se em seis tipos de bardo, mas eles podem ser condensados em quatro estados básicos. O primeiro, o bardo natural desta vida, vai desde o nascimento até o momento da morte. O segundo, o bardo da morte, é o período que começa quando nos deparamos com uma doença fatal ou outra causa letal, e termina quando expiramos pela última vez. O terceiro, o bardo de dharmata, ocorre quando tivermos realmente morrido. Finalmente, o bardo do renascimento ocorrerá se não reconhecermos nossa natureza no bardo de dharmata.

Além desses quatro bardos, dois outros ocorrem durante esta vida: o da meditação e o do sonho. O bardo da meditação é a experiência do estado meditativo; o bardo do sonho é o estado onírico durante o sono.

Literalmente, o termo tibetano para o "bardo desta vida" significa "nascer e permanecer". Nascemos do útero de uma mãe e ainda não morremos; é o período entre o nascimento e a morte. Aqui, o ponto importante durante o dia é o bardo da meditação, que depende de recebermos as instruções orais de um mestre e o treinamento correspondente. Depois, durante a noite, depende de treinarmo-nos durante o bardo do sonho. Será que, se permanecermos no bardo da meditação durante o dia e a noite, não precisaremos nos preocupar com os outros estados? Ser experiente nos bardos da meditação e do sonho é suficiente; nada mais precisa ser feito. Mas, sem alcançar algum grau de estabilidade meditativa e a habilidade de reconhecer os sonhos, lamento dizer que não poderemos evitar a passagem pelo bardo da morte.

Um bom praticante Dzogchen, por outro lado, é liberado na expansividade da pureza primordial durante o bardo da morte, partindo pelo Caminho Secreto de Vajrasattva antes de expirar. Se não tiver alcançado estabilidade neste ponto, o praticante não chegará ao bardo de dharmata, onde sons, cores e luzes naturais se manifestam. Dharmata significa natureza – o incondicionado. Os sons, as cores e as luzes são incondicionados; manifestam-se, porém, são desprovidos de natureza inerente. Se o praticante também não tiver atingido a estabilidade no bardo de dharmata, infelizmente, vagueará ainda mais no ciclo do samsara em busca de outro renascimento nos seis reinos.

Como mencionei antes, ser liberado na expansividade da pureza primordial no momento da morte é o melhor. Se isso ocorrer, passaremos pelas experiências de aparecimento, crescimento e consumação. A primeira delas – a brancura do aparecimento – ocorre com a descida do elemento branco recebido do pai.

A segunda experiência – a vermelhidão do crescimento – ocorre com a ascensão do elemento vermelho recebido da mãe. A terceira experiência ocorre quando esses dois elementos se encontram no centro do coração; esse é o verdadeiro momento da morte.

Em seguida vem a quarta experiência, a chamada luminosidade básica da plena consumação. Uma escritura diz: "a seguir surge o estado desperto incondicionado de bem-aventurança e vacuidade." O estado desperto é vazio e repleto de bem-aventurança, e se alguém puder reconhecê-lo, verá exatamente o Mahamudra da bem-aventurança e da vacuidade, o Mahasandhi da consciência pura e da vacuidade, ou o Madhyamika do aparecimento e da vacuidade.

Na maioria dos casos, no entanto, depois das três experiências da brancura do aparecimento, da vermelhidão do crescimento e do negrume da consumação, a consciência da pessoa, também chamada mente-prana, desmaia na experiência do negrume do encontro dos elementos branco e vermelho no centro do coração.

Esse momento de inconsciência é simplesmente um estado de esquecimento para as pessoas comuns, e dura cerca de três dias e meio. Na manhã do quarto dia, surgem manifestações súbitas, como se o céu e a terra estivessem se partindo em pedaços. Estando inconsciente, em total esquecimento, sem nada perceber até esse instante, a pessoa se pergunta: "O que aconteceu?"

Convencionalmente, isso se passa durante três dias, mas não existe um tempo fixo. Para os familiarizados com a meditação, este evento pode se prolongar pelo tempo que conseguirem manter seu estado meditativo da essência da mente sem qualquer distração. Para pessoas sem treinamento para reconhecer a essência da mente, esses "dias" são apenas lampejos passageiros. Para aqueles que possuem virtude e maldade em igual proporção, a duração é de aproximadamente três dias. Na verdade, o que acontece é que a quarta experiência da luminosidade básica da plena consumação não é reconhecida, e a pessoa perde a consciência. Isso acontece para a maioria dos seres. Muitas pessoas sofrem neste momento, por causa de seu intenso pânico e medo da morte, gritam de angústia e então perdem a consciência.

Depois de passar os três dias e meio, a pessoa desperta deste estado de esquecimento pensando: "O que aconteceu comigo?" A consciência então deixa o corpo através de uma das oito ou nove aberturas. Parece muito estranho que a mente, sem nenhuma substância concreta, precise passar por uma abertura do corpo.

Se a mente sair pelo topo da cabeça, dizem que a pessoa vai para os reinos superiores ou continua no caminho da liberação. De fato, existem muitas aberturas no topo da cabeça. Uma delas leva ao Reino da Não-Forma, outra leva ao Reino da Forma e a outra para as Terras Puras.

Após separar-se do corpo, a consciência vai para o bardo do renascimento, para um dos seis reinos, de acordo com o karma individual.

Segundo o sistema Karling Shitro, tudo acontece dentro de um período de 49 dias: as deidades pacíficas se manifestam na primeira semana, as iradas na segunda semana e assim por diante. Mas, na verdade, nada é definitivo acerca desses dias. Para algumas pessoas tudo não passa de breves lampejos, para outras, isso pode ocorrer lentamente. O tempo e a ocorrência não são fixos.

Por outro lado, se for um praticante treinado, quando a brancura aparecer brilhante e viva, ele reconhecerá: "Essa é a experiência do aparecimento!" E quando a experiência da vermelhidão ocorrer, ele saberá: "Essa é a vermelhidão!" Finalmente, quando tudo é absorvido em negrume, ele reconhecerá: "Essa é a consumação, o negrume!"

Depois dessas três experiências, a pessoa também reconhecerá quando a luminosidade básica da plena consumação se manifestar como uma luz dentro de um vaso. No início, existe um instante de desmaio, enquanto os 80 estados inerentes de pensamento cessam. Nada acompanha a cessação de todos os estados de pensamento, a não ser o despertar não conceitual, a consciência pura de sabedoria, tão brilhante quanto uma lamparina dentro de um receptáculo. Ela é cognoscente, não conceitual e centrada em um único ponto – união de luminosidade e vacuidade. Essa luminosidade básica é como a mãe. Isso significa que dharmata ou sugatagarbha, o estado desperto naturalmente presente, é como a mãe. Seu reconhecimento, que é apontado por um mestre, é como o filho. Neste momento, mãe e filho se reencontram. A analogia tradicional é "como se o filho se atirasse no colo da mãe". Pessoas com experiência em tal prática compreendem isso, e tudo depende desse entendimento.

Atualmente, o ponto essencial da nossa prática é reconhecer a natureza da consciência pura. Ouvimos afirmações tais como "Reconheça sua consciência pura!" ou "Ele reconheceu rigpa, a consciência pura". Tendo reconhecido a consciência pura durante a vida, o mais importante é permanecer com ela – abster-se de perder sua continuidade. No momento da cessação dos 80 estados mentais inerentes, o estado desperto naturalmente presente manifesta-se com toda a intensidade, como ouro puro e refinado, pureza propriamente dita. É possível reconhecê-la de modo pleno e completo. É assim que foi ensinado.

Esse momento foi descrito assim: "Um instante faz a diferença. Em um único instante, iluminação completa". No momento do reconhecimento, pode-se alcançar a plena iluminação. Esse é o significado da afirmação de que "o melhor praticante alcança o estado búdico no dharmakaya, no momento da morte".

Porém, se não puder ser reconhecido dessa forma, o próximo bardo – o bardo de dharmata – se manifestará. Depois de os elementos e a consciência se dissolverem no espaço, as fases de espaço se dissolvem em luminosidade, a luminosidade se dissolve em sabedoria e a sabedoria se dissolve em unidade. Unidade aqui significa as divindades pacíficas e iradas. Depois disso, a unidade se dissolve em presença espontânea.

Presença espontânea refere-se ao que está original e inerentemente presente no substrato da pureza primordial. Algumas pessoas se perguntam: "De onde vêm todas essas deidades e luzes?" Elas são manifestações do despertar da presença espontânea. Na prática de Thögal, bem como no bardo de dharmata, aparecem muitas divindades. Essas divindades *são* dharmata; não são entidades condicionadas, mas de natureza incondicionada. Não tendo nem carne nem sangue, consistem de luzes de arco-íris. O ponto principal no bardo de dharmata é simplesmente repousar na consciência pura, não importa o que aconteça, e ser capaz de abraçar tudo com a plena atenção da consciência pura de sabedoria, sem perder a continuidade dessa consciência. Sem essa capacidade, esse bardo nada mais será do que alguns momentos de cintilação intermitente.

O filho de Khakhyab Dorje, o 15º Karmapa, era chamado Dungse Jampa Rinpoche. A princípio, ele não era um praticante muito bom, mas, por ter nascido na linhagem dos Karmapas, possivelmente era uma pessoa dotada de talentos. Era também irmão de Jamgön Rinpoche, o segundo Kongtrül. Enquanto trabalhava em Lhasa, ele adoeceu e quase morreu. Com o tratamento médico, retornou à vida na presença de seu irmão, Jamgön Rinpoche. Então, recebeu do irmão os pontos principais das instruções orais e foi capaz de sanar todas as suas dúvidas e remediar os seus equívocos. Durante o último mês de sua vida, treinou com muita diligência e aumentou seu reconhecimento inicial da natureza da consciência pura, de tal forma que, quando, enfim, fez a passagem, faleceu no reconhecimento da essência da mente. Três dias antes de sua morte, ele disse a Jamgön Rinpoche: "Agora, quando eu morrer, não terei nenhum problema. Nenhuma dessas experiências será capaz de me prejudicar". Jamgön Rinpoche depois me disse: "Ele foi um político durante toda a sua vida, praticava pouco, mas sua intensa diligência no último mês trouxe-lhe resultados extremamente bons."

Os ensinamentos do bardo podem soar muito fascinantes e pitorescos, mas o ponto essencial é a prática individual no presente momento. De que servem os remédios quando estamos doentes se não os usamos? Sem treinamento, nossos estudos se tornam mero entendimento intelectual. Se o estudo fosse suficiente, poderíamos simplesmente deitar e ler um livro sobre Dzogchen. Na verdade, não podemos fugir do treinamento propriamente dito.

A leitura em voz alta de A *Grande Libertação pela Auscultação nos Estados Intermediários* para uma pessoa morta, de acordo com o sistema Karling Shitro, tem a função de relembrar o praticante que já possui treinamento prévio. Ela é definitivamente necessária. O ponto mais importante é que o leitor seja alguém próximo à pessoa morta, com samayas compartilhados. Se o falecido ficar irritado com o leitor, não haverá nenhum benefício. O melhor seria que as duas pessoas tivessem o mesmo professor e fossem compatíveis. Nesse caso, haveria enormes benefícios.

Por outro lado, sem treinamento prévio no reconhecimento da essência da mente, uma pessoa não será capaz de atingir a estabilidade no estado do bardo. Se nunca reconheceu a essência da própria mente, logo de início não conseguirá cessar o medo e o pesar da morte e, mais tarde, quando ocorrerem as experiências intensas e avassaladoras de sons, cores e luzes, ela ficará paralisada pelo medo. Os sons rugirão como cem mil trovões, e as luzes brilharão mais intensamente do que cem mil sóis; não se trata de um foco luminoso fraco. Esses são os sons, as cores e as luzes do bardo de dharmata.

Junto com essa manifestação avassaladora, também aparecerão alguns sons, cores e luzes simples, acolhedoras e reconfortantes para atrair a pessoa para os reinos inferiores do samsara. E ela se sentirá atraída por eles. Portanto, é necessário atingir pelo menos certo grau de estabilidade por meio da prática agora mesmo!

Pessoas sem nenhum treinamento também podem extrair algum benefício deste ensinamento. Em relação a isso, há uma história sobre uma senhora idosa que vivia em Golok, no leste do Tibete. Durante uma cerimônia realizada por um lama que havia convidado à sua casa, ela viu um pergaminho pintado com as deidades pacíficas e iradas e perguntou: "Que tipo de divindade terrível é essa? Ela tem um corpo humano com uma cabeça de serpente!" O lama respondeu: "Não é nada terrível, esta é a Deusa da Cabeça de Cobra, última das cem deidades sagradas que aparecem no bardo. É sua própria deidade inata." Mais tarde, a velha senhora morreu e passou pelos terrores do bardo. Finalmente, a Deusa da Cabeça de Cobra ergueu sua cabeça do tamanho do Monte Sumeru e lançou sua língua no espaço. Naquele momento, a velha senhora a reconheceu e pensou: "Esta deve ser a Deusa da Cabeça de Cobra que o lama mencionou! Tomo refúgio nessa deusa!" A história termina com a senhora sendo guiada para o caminho da liberação. Portanto, as pessoas comuns podem obter algum benefício ao ouvirem esses ensinamentos.

No leste do Tibete, havia uma tradição de ler em voz alta para as pessoas *A Grande Libertação pela Auscultação nos Estados Intermediários* durante os 49 dias após a morte. Muitas famílias convidavam um monge por sete semanas para fazer oferendas e ler o texto em voz alta, bem devagar, uma vez ao dia. Com certeza, isso sempre beneficia o falecido.

Também é importante ter confiança nesses ensinamentos e desenvolver a determinação de manter a clareza no bardo, para ser capaz de reconhecer o que acontece. É preciso ter confiança, caso contrário, tudo estará perdido.

Na melhor das hipóteses, deve-se receber de um mestre qualificado a instrução que revela o reconhecimento da natureza da mente. O êxito no bardo vem de aplicar a prática da essência da mente no momento da morte. Somente o treinamento dissipa a confusão que emerge durante o estado do bardo. Por essa razão, devemos praticar os estágios de desenvolvimento e completude agora mesmo. Se reconhecermos isso, poderemos vivenciar na morte aquilo com que já estávamos familiarizados por meio da prática.

Os meios hábeis e profundos dos ensinamentos Vajrayana não envolvem imaginar a presença de algo inexistente ou fingir que algo é o que não é. Ao contrário, as deidades são uma expressão do estado desperto espontaneamente presente em cada pessoa; estão sempre presentes, inerentes à natureza de cada um de nós. Os ensinamentos dizem: "O estado desperto espontaneamente presente se manifesta dentro da essência pura primordial". A essência primordialmente pura é como um espelho, e as manifestações do estado desperto espontaneamente presente são como os reflexos no espelho. Essa é a razão principal para se praticar o estágio de desenvolvimento agora mesmo!

Algumas pessoas dizem: "Qual é a necessidade de se praticar o estágio de desenvolvimento? É tudo uma invenção mesmo!" Mais tarde, quando a presença espontânea se manifesta, o falso e o verdadeiro se tornarão evidentes.

A verdadeira razão para receber ensinamentos do bardo tem sido tradicionalmente descrita como "consertar um cano de água quebrado." Ao treinar-se no momento presente, a pessoa será capaz de levar o "fluxo" da prática pelo bardo da vida seguinte. No sistema Dzogchen, o treinamento do bardo é indispensável. Se o praticante já atingiu a perfeição na prática de Thögal, então não tem necessidade dos ensinamentos do bardo. No nosso tempo, no entanto, a vida é curta, as doenças são muitas e a diligência é fraca. Mesmo tendo entrado no caminho da Grande Perfeição, sem atingirmos a estabilidade na prática, não poderemos saber se o momento da morte vai chegar de repente; definitivamente, precisamos de instruções de como "consertar o cano quebrado". Assim, seremos capazes de atingir a iluminação no estado do bardo, seguir para um campo búdico puro ou pelo menos obter um renascimento em um dos reinos mais elevados. Portanto, esses são ensinamentos necessários, especialmente no caso de haver uma morte prematura.

Ao praticar esses ensinamentos, precisamos ter fé e confiança e ser livres de dúvidas. Esse ensinamento é como um guia conduzindo o cego na direção correta. Para pegar a mão desse guia, precisamos de confiança. Sem confiança, é possível se perder no caminho; com confiança, chegaremos ao destino. As palavras deste mestre não contêm nenhum engano. Tsele Natsok Rangdröl escreveu este ensinamento baseado nos tantras e nas instruções orais. Ele não as inventou.

Por último, mas não menos importante, é necessário receber os ensinamentos completos de como praticar durante os diferentes estados do bardo de um mestre detentor da tradição das instruções orais.

Tulku Urgyen Rinpoche

Nagi Gompa, Nepal

Setembro de 1987

Um espelho para relembrar
esclarecimento dos pontos gerais dos bardos

Prólogo

NAMO GURUBHYA. Saudação ao meu mestre.
Totalmente puro desde o início e dotado de duas purezas,
O Dharmakaya é desprovido de todas as fabricações de existência e paz.
Seu brilho natural manifesta-se sem obstrução, sem obstáculos, como a manifestação de seres pacíficos e irados,
O Sambhogakaya é dotado de cinco sabedorias.
Por meio de inúmeras emanações, treinando os seres em múltiplas formas apropriadas àqueles a serem treinados,
O Nirmanakaya é dotado com o tesouro que atende a todos os desejos.
Ao mestre inseparável dos três kayas, o nobre que reúne todas as mandalas de Budas,
Cultuo como indivisível da minha própria mente.

Na essência da pureza primordial do samsara e do nirvana, aparecimentos e existência,
Não há palavras tais como nascimento ou morte, alegria ou tristeza.
Que lamentável, portanto, que aqueles com mentes não realizadas passem por tanto sofrimento,
Aprisionados no vazio de infinitas e confusas experiências.
A fim de libertá-los mediante múltiplos meios hábeis,
Os antepassados da Linhagem Práxis de fato elucidaram

Incontáveis e supremas instruções sobre os bardos
Como um extrato essencial dos ensinamentos profundos e extensos.
Como poderia eu ter algo a dizer, e qual seria a necessidade
De um ignorante como eu pronunciar qualquer palavra
que pudesse excedê-los?
No entanto, uma vez que vós, pessoa sábia, me solicitastes,
Simplesmente repetirei o que nossos antepassados ensinaram.

Em geral, todos os seres sencientes vivem exclusivamente imersos nos estados do bardo, desde a base inicial de confusão até alcançarem a iluminação final. Portanto, todos os fenômenos básicos e do caminho podem ser simplesmente rotulados como *bardo*. Ainda assim, as pessoas comuns consideram o bardo como sendo nada mais nada menos do que o terrível estado de existência intermediária. Na *Libertação através da Auscultação no Bardo* [*Bardo thos grol gyi gdams pa*], segundo a Escola Nyingma do Mantra Secreto e em outros textos, são definidos seis tipos de bardos. Dentro dessa classificação, o chamado bardo meditativo do samadhi não se encaixa no pensamento de alguns estudiosos das épocas mais remotas, que parecem ter refutado sua inclusão de várias maneiras. Mas se todos os fenômenos do samsara e do nirvana são da natureza dos bardos, por que não pode o estado de meditação ser chamado de bardo?

Crossing the Dangerous Pathway of the Bardo [Cruzando o Caminho Perigoso do Bardo], ensinamento dado à dakini Tashi Tseringma pelo Senhor Milarepa, também discute a forma geral de orientação em termos dos seis bardos. Sua maneira de definir particularmente o bardo meditativo do samadhi não difere da *Libertação através da Auscultação*. Assim, as escolas Sarma e Nyingma concordam em seus pontos de vista.

Geralmente, todos os textos-raiz contêm diversas definições e formas de orientação para os bardos. Por exemplo, os três bardos conhecidos como o bardo natural desta vida, o bardo doloroso da morte e o bardo de dharmata têm sido ensinados, assim como os quatro bardos dos quatro kayas da união, da sabedoria autoconsciente, da natureza do tempo e da interdependência inequívoca. Existem também muitos outros sistemas, tais como os seis bardos desta vida, sonho, meditação, morte, dharmata e renascimento.

Neste contexto, explicarei os ensinamentos do bardo nos termos com os quais estou familiarizado. Combinando os pontos principais comuns a ambas as escolas Sarma e Nyingma, serão condensados sob quatro pontos, a fim de facilitar a compreensão:

1. O bardo natural desta vida
2. O bardo doloroso da morte
3. O bardo luminoso de dharmata
4. O bardo cármico do renascimento

Cada um será explicado por meio da:

A. identificação de sua essência;
B. explicação detalhada de sua forma de manifestação;
C. apresentação de como aplicar as instruções.

1

O bardo natural desta vida

Identificação

O que significa "o bardo desta vida"? Refere-se ao período que se inicia com o surgimento do ser no ventre da mãe e termina quando este é submetido a uma causa que leva à morte.

Modo de manifestação

Como se revela o bardo desta vida e como ele é vivenciado? O bardo aparece de modo individual, devido às diferenças entre os seres realizados e não realizados. Isso quer dizer que, para os mais afortunados, o mundo e seus habitantes são espontaneamente perfeitos, como uma mandala, uma vez que os afortunados reconhecem imagens e sons como sendo deidades e mantras. Visto que seus pensamentos se manifestam como uma apresentação de dharmata, tudo tem a natureza dos três kayas. Assim é o bardo em sua essência, apresenta-se como tal no momento presente e, por fim, é liberado para esse estado. Esse estado é chamado de "pureza todo-abrangente de aparecimentos e existência", e também de "roda da sabedoria de tudo o que é vivenciado". Pal Khachö[2] e outros chamam esse estado de "bardo dos quatro kayas da união", "bardo do despertar autocognoscente" e assim por diante. O bardo meditativo do samadhi acima mencionado está incluído aqui também e, portanto, não precisa ser explicado separadamente.

Aqueles que não realizaram esse estado, isto é, as pessoas comuns e ignorantes, seguem continuamente suas tendências, maus hábitos, experiências ilusórias e fixações sólidas desde o nascimento, até contraírem uma doença fatal. Consideram o irreal como real e esperam que o impermanente seja permanente. Confundem o doloroso com o agradável e se agarram a ele. Desperdiçam completamente suas vidas com atividades fúteis e ilusórias ligadas às oito preocupações mundanas[3], ou tentando vencer os inimigos e proteger os amigos, apegando-se ao eu e tendo aversão em relação aos outros, sentindo-se incompletos e insatisfeitos, poupando e acumulando, criando família e cuidando dos animais na fazenda. Uma vez que isso é o que a maioria das pessoas vivencia, a natureza do bardo desta vida não vai além dessa descrição. À noite, seu sono de ignorância é tal qual o de um cadáver, não segue nenhum dos pontos principais das instruções orais, assemelha-se ao de um animal irracional. Além disso, dentro do sono, múltiplas experiências oníricas de dupla ilusão aparecem e desaparecem, de modo que o bardo do sonho das tendências habituais também está contido no bardo desta vida. O *Sutra of the Noble Source of the Precious Ones* [Sutra da Nobre Origem dos Preciosos] afirma:

> *Pelo poder do apego ao pensamento errôneo,*
> *Todos os seres estão totalmente mergulhados no [samsara].*
> *A pessoa que entende a qualidade da quietude*
> *Vê o tathagata autoexistente.*
> *E perceberá plenamente as supremas qualidades da paz.*

Portanto, a diferença entre realização e não realização é imensa.

---

[2] Um dos tulkus Shamar, Shamar Khachö Wang Po.
[3] Apego a ganhos, prazer, fama e louvor; aversão a perdas, dor, difamação e censura.

Instruções de como trazer o bardo desta vida para o caminho

As instruções orais da Escola Nyingma ensinam que devemos nos esforçar no aprendizado e na contemplação dos ensinamentos que eliminam dúvidas e equívocos, como uma andorinha entrando em seu ninho.[4] Como fazer isso? Em primeiro lugar, é necessário buscar um mestre qualificado e servi-lo com sinceridade de muitas maneiras satisfatórias, tornando-nos livres dos enganos de corpo, fala e mente. É necessário receber adequadamente os três conjuntos de preceitos que são a base dos ensinamentos budistas e o alicerce do caminho e, em seguida, observá-los sem sermos contaminados pela mais ínfima mancha de violação, transgressão, falha ou degeneração.

Estudando e refletindo sobre todas as etapas dos veículos dos Sutras e Tantras, sem preconceitos, devemos afastar qualquer parcialidade e apego a determinada escola de pensamento. Se alguém se desviar, tornando-se exclusivamente apegado ao aprendizado, essa pessoa se limitará a adotar palavras de sofismas sem entender seu verdadeiro significado. Portanto, é importante incorporar e aplicar o que foi aprendido. As instruções orais do mestre contêm em si a raiz de todo o aprendizado e reflexão e, portanto, devem ser entendidas, e todas as dúvidas sobre essas instruções orais devem ser eliminadas em sua totalidade.

Aquele que não abandona os interesses mundanos desperdiça esta vida. Portanto, rompa completamente com todos os apegos e laços, e permaneça em locais isolados nas montanhas. No entanto, ao contrário dos pássaros, veados e outros animais que habitam tais lugares, treine seu corpo, sua fala e sua mente no que é virtuoso. Não se dê motivos para arrependimentos e desenvolva a confiança de não ser vítima da banalidade, indolência e outras ações não pertinentes ao Dharma, nem mesmo por um único instante.

Embora tenhamos entendido a natureza da vacuidade, é necessário que desenvolvamos inabalável confiança e segurança na inevitável interdependência de causa e efeito, abstendo-nos de menosprezar a importância da virtude

---

[4] Primeiramente, a andorinha é muito cuidadosa, mas depois, quando não vê nenhum inimigo, ela voa diretamente para o ninho, livre de dúvida e hesitação.

e do mal e treinando-nos na combinação de visão e conduta consonante com as palavras do Vitorioso.

Em particular, dado que todos os pontos cruciais dos bardos seguintes dependem deste, se não desenvolvermos o poder da familiaridade com a prática enquanto temos liberdade e tempo disponívelpara fazê-lo durante o bardo desta vida, ao chegar o momento da morte, e o nosso tempo se esgotar, será tarde demais para arrependimentos. Será como Orgyen Rinpoche disse:

Aqueles que sentem ter muito tempo ficam atarefados
no momento da morte.
A seguir, sentem forte arrependimento,
mas parece tarde demais.

Portanto, é essencial treinarmo-nos nos bardos a partir deste exato momento. Tendo praticado as instruções orais da porta do Dharma, entramos em acordo com o próprio destino e inclinação, e devemos conduzir nosso ser à maturidade e à liberação. Em primeiro lugar, devemos ter certeza de que recebemos os estágios das iniciações de amadurecimento, sejam eles condensados ou elaborados.

As iniciações, tal como são realizadas pela maioria dos mestres dessa era atual de escuridão e recebidas pelos alunos, raramente estão de acordo com os Tantras e a tradição dos Vidyadharas do passado. Muitos lamas conferem iniciações para acumular riqueza ou angariar vantagens e fama. Da mesma forma, os discípulos que solicitam a iniciação buscam apenas proteção contra danos temporários, como doenças e influências demoníacas, prestígio, companhia, entretenimento ou a simples satisfação de sua curiosidade. Além de receber a iniciação com essas atitudes, falta-lhes a substância da fé pura e, aparentemente, não conseguem entender nem mesmo uma pequena parcela da transmissão da natureza da iniciação. Em suma, enquanto mestre e discípulo estiverem envolvidos em uma iniciação de mentira, passatempo e papaguear, obviamente, não haverá condições para a maturação da mente do discípulo.

No encontro entre um recipiente genuíno e o elixir,[5] não importa se os objetos superficiais da iniciação são colocados sobre sua cabeça. Quando a sabedoria da natureza da iniciação é despertada dentro do seu ser, este é o recebimento supremo da verdadeira iniciação. Por exemplo, quando Naropa acordou do desmaio após ser atingido pelo sapato atirado por Tilopa, ele havia realizado a natureza suprema da iniciação. Ou, como o sábio Vairochana, quando o grande pandita Shri Singha deu-lhe uma maçã, recebeu a iniciação Dzogchen completa da manifestação da consciência pura. Conta-se também a história do Lama Kyotön Sönam, que conferiu iniciação a Machik Labdrön, bem como inúmeros outros exemplos nas histórias de vida dos siddhas. O importante é que não se deve enfatizar apenas se a pessoa recebeu ou não determinada iniciação, mas considerar se isso a levou ou não à maturidade.

No que diz respeito às verdadeiras instruções liberadoras, apenas listar os ensinamentos que a pessoa foi capaz de solicitar e receber não significa que sua mente está liberada. Existem muitas provas de que esse tipo de lista quase não diminui os kleshas de alguém, mesmo que minimamente, nem faz decrescer um pouco a fixação e o apego ao ego. Por isso, em geral, é importante treinarmos com persistência os métodos que permitem a manifestação correta dos sinais do caminho, seja qual for o ensinamento que praticamos ou, pelo menos, desenvolver alguma confiança no significado de suas palavras.

Embora existam inúmeras instruções diferentes, em resumo, um praticante que segue o caminho profundo das Seis Doutrinas, ou do Caminho e Resultado, deve se treinar diligentemente na prática de *tummo*, o sustentáculo vital do caminho. Por meio dos treinamentos nos canais estáveis, energias vitais e essências geratrizes[6], deve-se concentrar nos pontos-chave do caminho supremo da sabedoria coemergente incondicionada, a união de bem-aventurança e vacuidade. Deve-se, assim, alcançar a perfeição, treinando-se plenamente em métodos que amadureçam o corpo relativo composto de elementos, na natureza do corpo puro de arco-íris, alcançando nesta vida

---

[5] Expressão poética para um aluno qualificado e os ensinamentos autênticos.
[6] Também conhecido como nadi, prana e bindu.

a realização do estado unificado dos dois kayas, que têm um só gosto no espaço incriado do dharmakaya, essência última da cognição pura natural.

Para um praticante Dzogchen, há a Classe Mente exterior, a Classe Espaço interior, a Classe de Instrução Secreta e a Classe Insuperável mais secreta, bem como inúmeras outras classificações, como as seções Ati, Chiti e Yangti. Em suma, todos os pontos principais estão incluídos dentro da prática Trekchö da consciência pura e vacuidade, e da prática Thögal de aparecimento e vacuidade. Não importa o sistema adotado, Kama ou Terma, em primeiro lugar, é necessário receber instruções completas de um mestre realizado. Em um local isolado e desabitado, deve-se então abandonar as nove atividades[7] e fazer a separação entre samsara e nirvana. A seguir, se a pessoa pratica continuamente dia e noite, sem misturar sua prática com qualquer outra atividade, nem mesmo por um instante, ela poderá realizar, neste corpo mesmo, o estado dharmakaya de Samantabhadra.

As pessoas podem ser divididas em nove categorias de três capacidades: superior, média e baixa. A categoria mais alta do tipo superior é liberada simultaneamente ao recebimento das instruções, tal como o nó do corpo de uma cobra é desfeito por si mesmo. Esse foi o caso do grande Vidyadhara Garab Dorje. A categoria intermediária do tipo superior é liberada, independentemente do que ocorra, depois de se dissolver em dharmata, como a neve caindo em um lago. Este foi o caso daqueles que atingiram a forma vajra do corpo do arco-íris, como Manjushrimitra, Shri Singha, Vimalamitra, Padmakara e outros. A categoria inferior do tipo superior, como gelo derretendo em água, deve treinar-se por um longo tempo nas instruções por meio das quais suas tendências iludidas diminuirão gradualmente. Seu corpo material se libertará em um corpo de luz, como se deu com Nyang Wen Tingdzin Sangpo, Chetsün Senge Wangchuk, os dois irmãos Lobpön Nyangtön e outros que atingiram khachö[8] sem se desfazerem de seus corpos.

---

[7] As nove atividades referem-se a cada uma das instâncias de corpo, fala e mente: atividade comum, prática do darma e conceitos sutis.

[8] A capacidade de partir para os reinos de seres iluminados no momento da morte, sem deixar um corpo material para trás.

Em suma, todos aqueles que atingem a realização perfeita nesta vida por meio dos ensinamentos profundos do Mahamudra, Dzogchen, Lamdre, Jordruk, Shije, Chöd,[9] e assim por diante, são liberados neste corpo mesmo, sem ter que passar pelos bardos seguintes. Esse é o resultado de terem aperfeiçoado a prática do bardo desta vida. Hoje em dia, no entanto, há pouquíssimos exemplos desse tipo, não importa onde se busque, seja na escola Sarma ou na Nyingma.

De qualquer modo, sem ser influenciado pelo poder da distração e da indolência, o praticante deve se concentrar exclusivamente na parte principal da prática, seja Mahamudra ou Dzogchen. Para isso, deve aplicar os ensinamentos do sonho e da luminosidade em sua prática noturna, os ensinamentos do corpo ilusório e do bardo durante todos os intervalos entre os períodos de prática, recitar os mantras e fazer a visualização do guru e yidam no início das sessões, bem como fazer a prece de dedicação e as aspirações no final.

Resumindo, em geral, devemos evitar debilitar qualquer uma das nossas três portas em nossa confusão habitual. Em especial, deste momento em diante, devemos persistentemente nos lembrar e nos familiarizarmos com todas as práticas dos bardos. Esse é o ponto essencial, o único em harmonia com os pontos de vista de todas as escolas Sarma e Nyingma.

Versos Finais

Tendo obtido todas as liberdades e riquezas,
como uma joia realizadora de desejos,
E, tendo encontrado um guia espiritual e ensinamentos profundos,
Se ainda formos distraídos pelo espetáculo fascinante do samsara,
Atingir o objetivo perene será tão raro quanto ver estrelas durante o dia.
Se a iluminação não for alcançada durante este curto espaço de tempo

---

[9] Os ensinamentos das diferentes linhagens trazidas para o Tibete pelos grandes mestres, como Guru Rinpoche, Vairochana, Vimalamitra, Marpa, Khyungpo Naljor, Atisha, Drogmi Lotsawa, Orgyenpa, Phadampa Sangye e Machik Labdrön.

Enquanto o castelo de areia do corpo e da mente infantil ainda está erguido,
Mesmo que listemos cem coisas aprendidas e entendidas,
Nada disso ajudará a nos libertar do oceano do samsara.
Continuando preguiçosos enquanto temos a liberdade perfeita,
Iremos agonizar de arrependimento quando o inevitável
Senhor da Morte chegar.
Encenando sua própria desgraça como um louco bebendo veneno –
Assim, o bardo desta vida é revelado.

2

O bardo doloroso da morte

A explicação do bardo doloroso da morte também tem três partes.

Identificando a essência

O bardo doloroso da morte compreende todo o período desde o momento em que uma pessoa é afligida por uma doença que causará a morte, seja ela qual for, até que a verdadeira luminosidade de dharmata, o primeiro bardo,[10] tenha surgido. Os sistemas gerais do Dharma nos ensinam que a manifestação dessa luminosidade está incluída no bardo do momento da morte; no entanto, quanto a este aspecto, seguirei os ensinamentos Dzogchen e descreverei somente o bardo da morte. O bardo luminoso de dharmata será tratado posteriormente.

O tipo superior de pessoa mencionado anteriormente – aquele que é liberado nesta vida – não precisa passar pelos outros bardos. Os ensinamentos Dzogchen afirmam:

---
[10] Chamar de "primeiro bardo" a luminosidade de dharmata é pertinente às Novas Escolas. Na verdade, neste livro esse é o terceiro capítulo.

> *Os melhores iogues têm quatro maneiras de morrer. Assim como o espaço de dentro e de fora se fundem quando um vaso se quebra, corpo e mente também se dissolvem na vacuidade do dharmakaya. É como chamas que se apagam quando a lenha é consumida; ou quando um vidyadhara morre, enchendo o céu com uma massa de luz; ou como uma dakini que morre sem deixar um corpo físico para trás. Essas são as maneiras superiores de morrer.*

Essas quatro maneiras não estão sujeitas às elaborações dos estágios de dissolução. Mais uma vez, foi ensinado:

> *Os iogues medianos têm três maneiras de morrer: como uma criancinha, sem entendimento do morrer ou não morrer no momento da morte; morrer como um mendigo errante, sem medo das circunstâncias; morrer como um leão nas despovoadas montanhas nevadas, após romper com o apego às circunstâncias. Todas essas são maneiras medianas de morrer.*

Nessas maneiras de morrer, a pessoa tem confiança na realização e não depende de ser relembrada.

Explicação detalhada da forma geral em que a morte ocorre

Para iogues menos desenvolvidos e pessoas comuns, existem dois pontos:

> *1. Explicação de como os elementos exteriores, faculdades e bases dos sentidos se dissolvem.*
> *2. Explicação de como os pensamentos interiores grosseiros e sutis se dissolvem.*

Além dessas, existe a explicação das instruções orais de *phowa*.

Como os elementos exteriores se dissolvem

Em geral, o corpo de um ser é primeiramente formado por cinco elementos; a seguir, subsiste por meio deles e, por fim, perece por meio da dissolução desses elementos. No momento da morte, a energia do karma se volta para cima e, como controla todas as outras energias, os nós dos *nadis* dos cinco chakras se dissolvem e as cinco energias começam a desaparecer. Dessa maneira, os elementos exteriores, interiores e secretos dissolvem-se uns nos outros. Os detalhes desses estágios de dissolução podem ser encontrados no Tantra Dzogchen *Rigpa Rangshar*,[11] mas, temendo a profusão de palavras, não entrarei aqui em explicação tão extensa. Condensando os pontos vitais comuns às escolas Sarma e Nyingma, eu os explicarei a seguir.

Com o desaparecimento da energia acompanhante-do-fogo, a pessoa é incapaz de digerir alimentos, e o calor vai sendo removido do corpo a partir das extremidades. Com o desaparecimento da energia sustentadora-da-vida, a mente fica indefinida e confusa. Com o desaparecimento da energia desobstruidora-descendente, a pessoa não consegue defecar. Com o desaparecimento da energia impulsora-ascendente, a pessoa se torna incapaz de engolir qualquer alimento ou bebida e fica com falta de ar. Com o desaparecimento do vento todo-penetrante, perde-se o pleno uso dos membros, e as veias começam a encolher.[12]

O início da destruição das rodas-nadis se dá pela desintegração da roda-nadi do umbigo. A seguir, passo a passo, o desaparecimento da energia sustentadora-da-vida faz o elemento terra se dissolver no elemento água. O sinal exterior dessa ocorrência é a perda da força física; o pescoço não consegue sustentar a cabeça, as pernas não conseguem sustentar o corpo, a mão não consegue sustentar um prato de comida, o rosto adquire uma textura feia, manchas escuras começam a surgir nos dentes e não se consegue reter a saliva e o muco nasal. Após os sinais exteriores, o sinal interior é que a mente, extremamente embotada e obscurecida, leva a pessoa à total depressão. Contendo-se com as mãos, rasgando as roupas e clamando "Erga-me!" a pessoa tenta olhar para cima. Nesse momento, os sinais secretos de luminosidade se manifestam vagamente, como uma miragem.

---

[11] *Rig pa rang shar chen po'i rgyud*. Este texto é encontrado entre os Cem Mil Tantras Nyingma [rNying ma rgyud 'bum], publicados por Sua Santidade Dilgo Khyentse Rinpoche.
[12] Ver Energia, no Glossário, para mais esclarecimentos.

A seguir, quando a roda-nadi do centro do coração está se desintegrando, o desaparecimento da energia geradora-de-radiância faz o elemento água se dissolver no elemento fogo. Os sinais externos dessa ocorrência são a secura da boca, a retração das narinas e torção e a inflexibilidade da língua. O sinal interior é uma mente nebulosa, agitada e irritadiça. O sinal secreto é que a experiência se torna nevoenta como fumaça.

Posteriormente, a roda-nadi da garganta se desintegra, e o desaparecimento da energia refinante impele o elemento fogo a se dissolver no elemento ar. Os sinais exteriores dessa ocorrência são o resfriamento da boca e do nariz pela respiração e o calor do corpo que se esvai, abandonando as extremidades e deixando a fumaça emergir. O sinal interior é a mente oscilante entre clareza e confusão. Dificilmente algo é reconhecido, e a pessoa não consegue perceber com clareza aquilo que aparece externamente. Luzes cintilantes vermelhas como vaga-lumes surgem como o sinal secreto.

Então, devido à desintegração da roda-nadi do local secreto e o desaparecimento da energia cármica do kalpa, o elemento ar se dissolve na consciência. Os sinais exteriores são a respiração ofegante, obstruída com exalações prolongadas e inalações difíceis, e os olhos revirados para cima. Os sinais interiores são a perplexidade da pessoa e as várias visões que ela terá. Os maldosos verão surgir o Senhor da Morte; aterrorizados, debatendo-se em pânico, faces contorcidas pelo medo, gritarão de angústia. Dizem que aqueles de bom karma verão dakas e dakinis se aproximando para recebê-los, entre muitas outras visões virtuosas. O sinal secreto se manifesta como uma tocha flamejante.

No momento em que os cinco elementos e as cinco energias primárias tiverem se dissolvido, as cinco energias subsidiárias também desaparecerão automaticamente. Assim como essas, todas as faculdades dos sentidos e as bases sensoriais se dissolverão gradualmente. Logo, as faculdades dos órgãos dos sentidos – olhos, ouvidos, nariz, língua e sensações corpóreas – se degeneram e se dissolvem. O resultado é que não mais será possível perceber formas, sons, aromas, sabores ou texturas – esses serão mal interpretados e a pessoa se tornará incapaz de distinguir suas qualidades.

Depois disso, enquanto a consciência é diluída no espaço exterior, a respiração cessa. Nesse momento, a cor do corpo esmaece e se dissipa, e há apenas um ligeiro calor no coração. Em textos como *Liberating from the Dangerous Path of the Bardo* [Libertando-se do Caminho Perigoso do Bardo], todas as ocorrências até esse momento correspondem aos "sinais gerais da morte". Aqui, neste ponto divisor, é dito que algumas pessoas podem reviver novamente quando a causa é uma doença ou uma influência maligna.

Como os pensamentos interiores se dissolvem

Desse momento em diante, ninguém pode voltar atrás caso encontre os "sinais especiais da morte" dos estágios de dissolução dos pensamentos densos e sutis descritos no *Tantra Raiz do Kalachakra:*

Quando os que têm corpo morrem,
O néctar lunar move-se para baixo,
A poeira do eclipse solar move-se para cima,
E a consciência tem a natureza do renascimento.

Segundo essa afirmação, quando os 80 pensamentos inatos resultantes dos três venenos cessam, com a dissolução dos [estágios de] aparecimento, crescimento e consumação, a brancura e os estágios seguintes vão se manifestar. Nesse momento, não se sabe com certeza qual das duas se manifestará em primeiro lugar: a brancura ou a vermelhidão. Aqui, no entanto, esta explicação está de acordo com os ensinamentos do Kalachakra. Estes afirmam que, na extremidade superior do canal central dos seres que possuem corpos, no topo de suas cabeças, encontra-se o elemento obtido do pai, essência relativa e causal na forma da sílaba branca HANG. O desaparecimento da energia superior faz com que este elemento desça pelo trajeto do canal central. A pessoa vivencia o fenômeno da brancura como se fosse a luz do luar e, ao mesmo tempo, os 33 estados diferentes de pensamentos oriundos da raiva chegam ao fim. Estes são os seguintes:

[1] Desapego [2] médio e [3] intenso,

[4] Envolvimento mental e [5] não envolvimento,

[6] Tristeza menor, [7] média e [8] intensa,

[9] Paz e [10] conceitualização,

[11] Medo [12] médio e [13] intenso,

[14] Anseio [15] médio e [16] intenso,

[17] Apego [18] não virtude, [19] fome e [20] sede,

[21] Sensação [22] média e [23] intensa,

[24] Cognição e [25] base de fixação para a cognição,

[26] Discriminação e [27] consciência,

[28] Compaixão e [29] amor [30] médio e [31] intenso,

[32] Atração e [33] inveja.

Esses são os 33 estados de pensamento; todos eles serão, portanto, cessados.

A seguir, na extremidade inferior do canal central, o centro do umbigo, está o elemento obtido da mãe, essência vermelha sob a forma do traço da letra A em tibetano. O desaparecimento da energia inferior faz essa essência se mover para cima. Nesse momento, a pessoa experimenta uma vermelhidão e, ao mesmo tempo, os 40 estados mentais originados do desejo também chegam ao fim. Esses são os seguintes:

[1] Desejo e [2] apego,

[3] Alegria [4] média, e [5] intensa,

[6] Regozijo e [7] profundo respeito,

[8] Admiração, [9] satisfação, [10] excitação sensorial e [11] abraçar,

[12] Beijar [13] sugar e [14] apertar,

[15] Vitalidade, [16] orgulho e [17] engajamento,

[18] Acompanhamento, [19] força e [20] deleite,

[21] União em bem-aventurança menor, [22] média e [23] intensa,

[24] Arrogância e [25] flerte,

[26] Hostilidade, [27] virtude e [28] lucidez,

[29] Verdade, [30] inverdade e [31] entendimento,

[32] Apego, [33] generosidade, [34] encorajamento e [35] coragem,

[36] Despudor, [37] retenção e [38] maldade,

[39] Desregramento e [40] falsidade.

Portanto, todos esses terão cessado.

A seguir, a cognição movida pela energia todo-penetrante dissolve-se dentro do encontro das bodhicittas branca e vermelha, e, nesse momento, a pessoa vivencia um fenômeno chamado negrume, e os sete estados mentais resultantes da ilusão também chegarão ao fim. Eles são os seguintes:

[1] O momento de desejo médio,

[2] Esquecimento, [3] confusão e [4] atordoamento,

[5] Cansaço, [6] preguiça e [7] dúvida.

Esses são os sete e todos serão cessados.

Dizem que algumas pessoas vivenciam o intenso sofrimento da interrupção da vida. Outras pessoas, nesse momento, quando os estágios de dissolução cessaram, vivenciam o assim chamado "espaço dissolvendo-se em luminosidade", devido ao fato de as essências puras da mente e dos canais, energias e elementos terem se reunido no centro do coração. Assim, a luminosidade básica do primeiro bardo[13] aparece até mesmo para o mais ínfimo inseto.

---

[13] Esta é a luminosidade vazia, a natureza nua da mente.

Explicação de como praticar esses estados de bardo

Em geral, deve-se sempre ter em mente a impermanência de todas as coisas compostas: em especial, que o tempo da morte é incerto e que, no momento da morte, nada o pode ajudar, somente as instruções orais de um mestre. Se não se lembrar disso e não praticar, a pessoa certamente chegará ao momento da morte cheia de arrependimentos, ainda tentando compreender as várias categorias dos ensinamentos ou lutando para obter prazer, alimento e roupas. O *Chedu Jöpe Tsom* afirma:

> *Todas as pessoas sentem apego por suas posses –*
> *filhos, gado e riqueza;*
> *"Ontem fiz isto, agora faço outra coisa;*
> *Ao terminar isso, então farei aquilo."*
> *Enquanto seguem enganadas pelas distrações,*
> *Morrem abatidas pelo Senhor da Morte.*

Nesse e em outros aspectos, isso tem sido amplamente ensinado nos Sutras, Tantras e tratados, bem como nas canções espirituais de mestres eruditos e realizados.

Da mesma forma, muitas pessoas que falham em condensar sua prática do Dharma ao essencial descobrem isso quando necessitam que vêm se enganando com as ciências,[14] os estudos e as reflexões.

Especialmente quando o momento da morte chegar, as preocupações sobre o que precisa ser feito ou realizado devem ser afastadas por completo. Todas as tarefas inacabadas devem ser desconsideradas, sejam elas religiosas ou seculares. Além disso, deve-se abrir mão de todos os tipos de atividades mentais de apego ou agressão contra qualquer pessoa, sejam amigos ou parentes, cônjuge ou pessoas íntimas, de alta ou baixa importância. Sem guardar nada, todos os tipos de coisas materiais e pertences devem ser abandonados totalmente, como se fossem oferendas ou esmolas: desde o maior santuário dos objetos de corpo, fala e mente, até a mais mísera agulha e linha. O ponto

---

[14] Gramática, debate, cura e habilidades.

mais importante é se libertar de qualquer resíduo mental de preocupação, mesmo tão minúsculo quanto um fio de cabelo, em relação a qualquer objeto de apego. Portanto, tome essa decisão com firmeza.

O pensamento no momento da morte é extremamente forte. Por isso, de modo literal ou mental, faça uma confissão e retome seus votos contra todos os tipos de falhas ou degenerações, mesmo as mais sutis, percebidas ou despercebidas, em seus preceitos e samayas.[15] Mesmo que seu mestre esteja fisicamente presente, você ainda deve visualizar os objetos de refúgio e o guru yoga e, com concentração, receber as iniciações e os votos. Seria mais excelente ainda se também tivesse um companheiro com samayas puros e com os mesmos ensinamentos que você conhece, para lembrá-lo das instruções orais.

Além disso, é muito importante pedir que amigos e parentes, juntamente com os seus gritos e lamentos, se afastem do perímetro do seu retiro, pois eles nada mais são do que causas para gerar apego ou agressão. Como explicado anteriormente, o melhor é seguir o caminho do cervo da montanha, que, ao morrer, corta as complexidades da convivência.

A explicação dos estágios de dissolução é apenas uma indicação de como eles ocorrem para as pessoas em geral. Por outro lado, as sequências de dissolução variam de acordo com as diferenças individuais dos canais, energias e essências de cada pessoa, assim como as ocorrências imprevisíveis da doença, das influências malignas ou da força das circunstâncias. Para algumas pessoas, acontece de os estágios se dissolverem todos de uma vez, por isso, é impossível fazer uma generalização definitiva. Em todo caso, é essencial memorizar e familiarizar-se com as sequências em que todos os sinais exteriores, interiores e secretos se manifestam.

Quando o momento da morte realmente chegar, o corpo, na melhor das hipóteses, deve estar sentado na posição vertical. Se não for possível mantê-lo ereto, deite-o sob o lado direito, assumindo a postura de um leão adormecido.

---

[15] Referem-se aos votos hinayana de libertação individual, os treinamentos mahayana do bodisatva, e os samayas/votos ou compromissos da prática vajrayana.

A pessoa deveria se concentrar em qualquer prática com que tenha desenvolvido familiaridade. Assim, aquele que enfatizou a atenção plena autocognoscente da luminosidade vazia, como na prática do Mahamudra, no aspecto Trekchö do Dzogchen, em Shije ou em outros ensinamentos, deve simplesmente relaxar na continuidade da natureza de dharmata durante todos os estágios de dissolução, independentemente do que ocorrer. Se conseguir apenas se concentrar em não deixar a mente perambular para outro lugar, ou simplesmente não entrar em confusão, nada mais precisa fazer até chegar à luminosidade básica. Tendo lá chegado, a liberação é alcançada sem qualquer dificuldade.

Por outro lado, se tiver treinamento em Jordruk ou no esplendor da luz e da escuridão segundo o aspecto Thögal do Dzogchen, quando os quatro elementos se dissolverem, a pessoa deverá reconhecer com confiança que as manifestações graduais, tais como os sinais secretos de fumaça ou miragem, nada mais são do que a manifestação autocognoscente do darmakaya luminoso. Em seguida, deverá ter como seu único foco a prática da sabedoria da vacuidade luminosa espontaneamente presente.

Além disso, caso tenha se familiarizado com as instruções de bem-aventurança e vacuidade do profundo caminho do Mahamudra, segundo os ensinamentos Lamdre ou Chödruk, a pessoa deve reconhecer os estágios de dissolução individuais da mente e do prana para cada uma das rodas-nadis. Em particular, quando a brancura se manifestar, deve-se reconhecê-la como a luminosidade do aparecimento e, assim, perceber o significado da prática do samaya-mudrã e da sabedoria da alegria. Do mesmo modo, quando a vermelhidão se manifestar, deve-se reconhecê-la como a experiência de crescimento e relembrar a sabedoria do karma-mudrã. Quando o negrume se manifestar, deve-se repousar calmamente na experiência de consumação, natureza do dharma-mudrã e da sabedoria da ausência de alegria ou alegria especial. Misture a dor da interrupção da vida com a prática, aconteça o que acontecer, e certifique-se de que não será interrompido por nenhum estado de espírito negativo até que o inerente[16] tenha se manifestado.

---

[16] Sinônimo de luminosidade básica do dharmakaya.

E mais, se não possuir tal experiência ou realização, a pessoa deve se concentrar na devoção do guru yoga de bênçãos. Isso quer dizer que, no início, quando o elemento terra tiver se dissolvido e a luminosidade da miragem se manifestar, ela deveria visualizar o mestre no centro do coração, gerar devoção voltada unicamente para ele e fazer súplicas mentais. Quando o elemento água tiver se dissolvido e a luminosidade se manifestar como fumaça, deve-se visualizar o mestre no centro do umbigo. Quando o elemento fogo for dissolvido e a luminosidade vaga-lume se manifestar, deve-se visualizar o mestre na testa. Quando o elemento ar tiver se dissipado e a luminosidade como tocha se manifestar, ensina-se que, especialmente nesse momento, a pessoa deve se concentrar no phowa-guru da recordação suprema.

A prática de Phowa

A explicação relativa à phowa tem três pontos: os diferentes tipos de indivíduos, o tempo adequado para fazer phowa e a prática propriamente dita.

Os diferentes tipos de indivíduos

Os praticantes mais avançados atingirão a realização completa do significado do Mahamudra ou do Dzogchen nesta vida mesmo. Se não o fizerem, terão a confiança de se liberarem juntamente com a última exalação da respiração. Tais pessoas não têm necessidade de aplicar uma instrução adicional de phowa. Além disso, não precisam ter alguém aplicando phowa para eles. No entanto, a fim de orientar outros discípulos, pode parecer que estão realizando a prática de phowa. Inúmeros mestres o fizeram, por exemplo, Acharya Nagarjuna, na Índia. De modo semelhante, no Tibete, o Nobre Marpa, quando estava para fazer a passagem para o nirvana, transformou sua consorte Dagmema em uma esfera de luz e dissolveu-a em seu centro cardíaco. Erigindo o corpo, ele disse: "Filhos, se fizerem phowa, façam desta maneira!" Em seguida, uma esfera de luz de cinco cores do tamanho de um ovo subiu ao céu saindo de uma abertura na coroa de sua cabeça. O siddha

Melong Dorje, ao terminar de cantar uma canção de legado espiritual em meio a uma reunião de iluminados, também remeteu uma luz branca do tamanho de um caldeirão pela coroa de sua cabeça. Ao se tornar cada vez maior, a esfera encheu o céu com arco-íris, luzes e halos.

Um grande número de ações como essas foram efetivamente realizadas pelos inúmeros siddhas e grandes praticantes das escolas Sarma e Nyingma. Embora essas manifestações sejam rotuladas como phowa, não diferem muito do corpo de arco-íris.

Além disso, é dito que phowa é ineficaz quando realizada por certas pessoas violadoras dos samayas originais. Por quê? O ensinamento de phowa depende de bênçãos e, como as bênçãos dependem do mestre, não é possível recebê-las se os samayas tiverem sido danificados em sua raiz e não forem reparados por meio de confissão. Assim, phowa será ineficaz. No entanto, é dito no *Tantra of the Four Vajra Seats* [Tantra dos Quatro Assentos Vajra]:

> *Embora tenha cometido as cinco ações irremissíveis*
> *com resultado imediato*
> *A pessoa pode ser liberada através desse caminho*
> *E, assim, não ser maculada pelas transgressões.*

Podemos pensar que isso é possível, mas esse resultado ocorre apenas para aqueles que, apesar dos erros inicialmente cometidos, obtiveram a liberação após se engajarem novamente na prática. Além disso, o verso tem a intenção de mostrar que mesmo uma pessoa pecaminosa pode ser liberada por meio de phowa se tiver fé e não violar os samayas para com o seu mestre vajra.

O momento de realizar phowa

Ainda é possível voltar a viver durante a dissolução dos elementos exteriores grosseiros. Se phowa for realizado cedo demais, há o risco de se gerar um estado mental negativo, como o ódio. Um Tantra diz:

> *Phowa deve ser feito quando chegar a hora.*
> *Se prematuro, estaremos matando todas as deidades.*[17]

Por essa razão, é de vital importância saber o momento correto. Como foi explicado, deve-se visualizar o phowa após a dissolução de todos os elementos e a cessação da respiração externa. A manifestação da brancura é o sinal de que a experiência interior do aparecimento se dissolveu.

O momento de realmente executar phowa é quando a vermelhidão se manifesta, sinal de que o crescimento se dissolveu. É nesse momento que os pecadores têm a visão assustadora do Senhor da Morte, enquanto aqueles com karma puro veem-se sendo acolhidos por dakas e dakinis.

A verdadeira instrução de phowa

Esta instrução tem duas partes: treinamento e aplicação.

Treinamento em phowa

Antes de tudo, o treinamento é de grande importância. Os inúmeros métodos da prática foram condensados em cinco tipos: phowa-dharmakaya livre de pontos de referência, phowa-sambhogakaya da unidade, phowa-nirmanakaya do treinamento, phowa-guru de bênçãos e o inequívoco phowa de khachö.

Em primeiro lugar, vamos discutir o significado do phowa-dharmakaya. Como foi explicado anteriormente, quando se alcançou a estabilidade em práticas tais como Mahamudra ou Dzogchen, não é preciso se envolver em qualquer treinamento adicional. Nesse contexto, de acordo com o sistema Dzogchen Nyinthig,[18] os detalhes do ensinamento são descritos a seguir: quando a consciência pura, também chamada lamparina do conhecimento autoexistente,

---

[17] Esta observação refere-se às deidades inerentes no corpo da pessoa.
[18] Ver Apêndice: Os Tantras Dzogchen.

passa pelo caminho da lamparina do canal branco e liso, e emerge pelo portão da imensa lamparina de água, há o ato simbólico de phowa para o campo, a lamparina do espaço puro. Portanto, se alguém se treinou nesses ensinamentos, deveria praticar de acordo com eles. Segundo o profundo Chödruk, o assim chamado phowa inato do estado natural é simplesmente o próprio phowa-dharmakaya.

Em segundo lugar, o phowa-sambhogakaya da unidade é próprio de pessoas que atingiram o domínio do estágio de desenvolvimento perfeito ou, de acordo com o Chödruk, têm realização na prática do corpo ilusório puro. Em resumo, o phowa-dharmakaya e o phowa-sambhogakaya são apenas para aqueles que nesta vida foram totalmente treinados nos estágios de desenvolvimento e completude, por meio dos quais se tornarão realizados, sem esforço, sempre que a hora da morte chegar. Esses métodos não são para as pessoas comuns. O phowa-sambhogakaya inclui também o phowa supremo do grande segredo.

Em terceiro lugar, para o phowa-nirmanakaya do treinamento, ou phowa mágico da presença viva, é extremamente importante que o treinamento seja iniciado de agora em diante, sem levar em conta o tantra usado como manual de instruções, ou se a pessoa segue um determinado ensinamento de phowa. Seja como for, ela deve receber o ensinamento de um mestre que possua experiência e bênçãos e, depois, treinar até que os sinais apareçam. Precedida de refúgio e bodicita, a parte principal é como se descreve a seguir.

Concentre-se focando exclusivamente nos pontos essenciais da postura de como sentar, o ponto principal do prana para a ejeção e a entrada, e o ponto principal da visualização para a invocação e a transformação. Tal como no estágio de desenvolvimento, vendo seu corpo como o yidam apropriado, feche as oito portas de acesso ao samsara e visualize a cavidade do canal central dentro do seu corpo vazio, que é uma vacuidade manifesta. Medite que Amitabha (ou qualquer deidade suprema por quem tenha devoção) está acima do orifício da abertura de Brahma.[19] Treine enviar o viajante – essência da mente-prana na forma de uma deidade, sílaba-semente, atributo simbólico ou esfera de

---

[19] A coroa da cabeça de uma pessoa, cerca de oito dedos acima da linha do cabelo.

luz – para cima e para baixo pelo canal central. No final da sessão, pratique a instruções orais sobre a extensão da vida.

Em resumo, a pessoa deve se treinar exatamente de acordo com o texto do sistema específico que está seguindo. Caso precise de informações adicionais ou modificações, deverá confiar totalmente em seu mestre e em sua prática até que os sinais apareçam.

Em quarto lugar, para o phowa-guru de bênçãos, a pessoa deve visualizar a deidade acima da coroa de sua cabeça como sendo seu guru. Os ensinamentos são geralmente os mesmos que o phowa-nirmanakaya descrito anteriormente. Para esta prática em particular, é essencial respeitar fielmente seu mestre como se ele fosse um Buda em pessoa.

Em quinto lugar, o phowa de khachö significa cultivar reinos puros. Para isso, é preciso ser uma pessoa treinada nas emanações e transformações da prática do sonho. As instruções são idênticas às de como ser confirmado com o renascimento em um reino nirmanakaya natural, tal como é explicado nos ensinamentos Dzogchen.

Aplicação de phowa

Seja qual for o tipo de phowa praticado, a pessoa deve ter confiança perfeita e unicamente focada no objetivo específico que almeja, sem se deixar influenciar por emoções perturbadoras, tais como o apego às coisas desta vida ou aos três venenos. Uma vez que até mesmo o menor estado emocional nocivo será um obstáculo para phowa, quando a hora da morte chegar, a pessoa não deve ser influenciada por pensamentos negativos nem que seja por um instante, devendo atingir o alvo do seu objetivo, sem nenhuma dúvida. Como a flecha atirada por um arqueiro habilidoso, deve estar além de qualquer possibilidade de retorno. Desse modo, como um barco conduzido pelos remos ou um cavalo guiado pelas rédeas, realizará seu propósito, seja ele qual for.

Muitos dizem "phowa, phowa", mas o ponto mais importante é que, tendo reconhecido sua consciência pura perfeita, a pessoa deve aplicar os pontos-

-chave das instruções orais e se dissolver em dharmadhatu, sem se perder em um caminho errôneo. Assim, quem tiver feito aspirações por várias vidas, reunido parte das duas acumulações e, além disso, não tiver corrompido sua devoção aos ensinamentos e a seu mestre do veículo vajra do mantra secreto nesta vida, sem violar seus samayas, com certeza alcançará facilmente a realização. No entanto, esse parece não ser o caso das pessoas comuns. Para que um grande pecador alcance instantaneamente a iluminação, é evidente que as condições corretas devem se reunir, conforme já explicado. Portanto, o ponto mais importante é familiarizar-se com as instruções orais e organizar as condições corretas no momento presente, enquanto se tem tempo e liberdade.

Versos Finais

Embora a chuva do significado profundo dos ensinamentos dos Sutras e Tantras seja generosamente derramada
Pela compaixão dos nobres vitoriosos e seus filhos,
É difícil para um único broto de uma mente amadurecida e liberta
Crescer nos seres sencientes cujas mentes são confusas, apegadas e ávidas.

Comandados durante toda a vida por ações não dármicas,
O tão necessário Dharma sagrado é rechaçado, abandonado.
No momento da morte, quando o espelho do profundo arrependimento
Refletir nossa face, será tarde demais.
Todos aqueles que são brilhantes e sagazes em questões humanas
E os que são doutos em meras palavras e teorias,
Quando confrontados com o aparecimento de uma doença fatal,
Quem deles se arriscará a colher a derrota?

3

O bardo luminoso de dharmata

A explicação da natureza do bardo luminoso de dharmata tem três partes:

1. Identificar sua essência.

2. Elucidar sua forma de manifestação.

3. Expor como aplicar as instruções orais.

Identificar a essência

Em primeiro lugar, qual é a essência do bardo de dharmata? Após o término de todas as fases de dissolução mencionadas anteriormente, a mente-prana se dissolverá entre as essências puras, branca e vermelha, A e HANG, união de meios e conhecimento. Devido a essa simultaneidade, o dharmakaya da luminosidade primordial – a não complexa e não fabricada sabedoria coemergente da grande bem-aventurança – certamente se manifestará.

Dentre os muitos nomes atribuídos a essa sabedoria coemergente, os Veículos Causais a chamam de conhecimento transcendente supremo. Os seguidores do Madhyamika chamam-na de verdade suprema. No Mahamudra, é chamada de reconhecimento no interior do não pensamento. Os seguidores da Classe Mente do Dzogchen a chamam de consciência retornando à sua essência. Em todos os Ciclos Secretos de Luminosidade, é chamada de luz acolhedora da presença espontânea. Os seguidores do Caminho Profundo a chamam de mahamudra da sabedoria coemergente. Porém, os ensinamentos gerais comuns a todos os sistemas a conhecem como a luminosidade do primeiro bardo.

Explicação detalhada de seu modo de manifestação

Esta explicação tem duas partes: geral e específica.

Explicação geral

A maioria dos Tantras denomina as séries de "miragem" e outras visões, tal como foi explicado antes, de luminosidade aparente, enquanto que a luminosidade básica, depois que os estágios de dissolução são concluídos, é chamada de luminosidade não aparente ou vazia. Alguns chamam os modos de manifestação de "aparecimento, crescimento e consumação" de sinal de luminosidade, e essa parte principal[20] é chamada de verdadeira luminosidade. Isso está descrito no *Nyime Namgyal*:

> *Em primeiro lugar, a miragem será vista,*
> *Formada por cinco raios de luz.*
> *Em segundo lugar, ela é como a lua.*
> *Em terceiro, é como o sol.*
> *Em quarto, é como a escuridão.*

Esses englobam os sinais de luminosidade, e a seguir:

> *Em quinto lugar, como o céu livre de nuvens,*
> *O não pensamento aparece livre de centro ou periferia.*

---

[20] A principal parte aqui é a natureza básica da mente, que se desnuda após os estágios preliminares de aparecimento, crescimento e consumação.

Essa é a verdadeira luminosidade propriamente dita.

Por que esses são chamados sinais de luminosidade? É porque, no início, a miragem e as outras [visões] são os sinais das cinco consciências dos sentidos dissolvendo-se na base-de-tudo. Da mesma forma, a brancura sinaliza que a consciência mental aflitiva está se dissolvendo na base-de-tudo; a vermelhidão, que a consciência mental está se dissolvendo; e o negrume, que o aspecto ignorante da base-de-tudo está se dissolvendo em si mesmo. Quando tudo desaparecer no supremo dharmadhatu, a sabedoria dharmakaya imaculada se manifestará.

Segue-se agora a razão pela qual a luminosidade básica se manifesta aqui dessa maneira. O sugatagarbha está presente em todos os seres sencientes e os permeia desde o início. Obscurecida pela ignorância coemergente, aspecto ignorante da base-de-tudo, a sabedoria presente no ser permanece irreconhecida e, portanto, cada ser está continuamente imerso em confusão. Uma vez que esse obscurecimento se dissolve em si mesmo por um curto tempo no momento dos estágios de dissolução, a sabedoria então se manifesta desnuda, aparecendo até mesmo para as pessoas comuns. Sem o reconhecimento dessa sabedoria, o padrão habitual de obscurecimento se repete. Reiteradamente, as pessoas seguem para o próximo renascimento, e a existência samsárica perdura como uma corrente inquebrantável.

Para os praticantes bem familiarizados com os pontos principais dessas instruções, a luminosidade mãe, a natureza original automanifesta, e a luminosidade filho, que tem sido praticada como o caminho, vão se unir inseparavelmente. Encontram-se como velhos amigos, ou como um rio que flui para o oceano. Por essa razão, a liberação é fácil.

As Escolas Sarma do Mantra Secreto ensinam que, no palácio dharmadhatu puro do supremo Akanishta reside o mestre dotado dos sete aspectos da união: o grande Vajradhara, soberano do igual sabor de espaço e sabedoria.

O sistema Nyingma ensina que, no Reino da Grande Expansão que Tudo Permeia, os dois – Samantabhadra "mente e fazedor", soberano da autocognoscência, e Samantabhadri "objeto mental e ação", natureza totalmente pura do espaço – prevalecem como a grande e indivisível bem-aventurança, essência da pureza primordial no quarto e imutável tempo da igualdade.²¹

Em suma, todos os capítulos introdutórios dos tantras profundos do mantra secreto falam exclusivamente dessa natureza como uma descrição de deidades. O significado, porém, é de difícil compreensão para pessoas intelectuais e de mente estreita.

Em relação a esse ponto, o significado essencial com o qual me familiarizei está em total acordo com os versos, conselhos e citações vajra de todos os grandes mestres. Nesse aspecto, todos os tantras das escolas Sarma e Nyingma e todos os vidyadharas e siddhas compartilham a mesma visão de que sua luminosidade básica é certamente a base-de-liberação da essência dharmakaya suprema.

O testamento do Nobre Jonangpa, no entanto, afirma: "Aquilo que alguns lamas acreditam ser "luminosidade" é meramente apego à ocorrência de uma pequena parcela de um sentimento de bem-aventurança, devido ao prana entrando no canal central de uma pessoa que tenha atingido um pequeno grau de estabilidade em shamatha. Isso é chamado de "luminosidade caverna" e não deve ser considerada a verdadeira luminosidade." Embora essa afirmação seja bastante famosa, é mais provável que tenha sido feita com algum propósito específico. Caso contrário, todas as tradições do Dharma teriam uma visão idêntica sobre esse ponto.

Além disso, dado que a maioria das pessoas não consegue reconhecer a luminosidade básica, mesmo que esta se manifeste para elas, ou não estão suficientemente familiarizadas com ela mesmo que a reconheçam, as pessoas não conseguem manter sua continuidade. Além disso, não há dúvida de que essa é a verdadeira base da liberação. Como está descrito no *Tantra Dzogchen Serge Tsaldzog*,²²

A natureza da mente de todos os Budas

---

²¹ O mesmo que *rigpa*.
²² Um dos 17 tantras da Classe de Instruções do Dzogchen.

Permeia todos os seres sencientes, naturalmente, desde o início.
Quando essa consciência pura secreta se apresenta no campo [da experiência],
Ela manifesta cinco luzes, na forma do encontro da mãe com o filho.

Quando as manifestações filho se dissolvem na mãe,
Todas as apresentações da mente dualista são dissipadas.
A dúvida dos pensamentos e as afirmações confusas são eliminadas,
E a luz da sabedoria, que é como o sol,
Dispersa completamente tudo que é conceitual.

Pelo poder da ausência de dúvidas do pensamento conceitual,
A sabedoria da consciência pura será fortalecida
E repousará consequentemente no estado de não pensamento.
A sabedoria não manifesta perceberá todas as coisas.

Quando o fruto do mantra secreto estiver totalmente amadurecido,
A sabedoria da consciência pura não pode deixar de se manifestar.
Nesse momento, tendo despertado a consciência pura,
A essência da percepção presente é absolutamente pura.

A natureza da sabedoria desprovida de palavras é vivenciada,
E as manifestações genuínas do mantra secreto serão vistas.
Quando a pessoa não está envolvida em discernir "é" e "não é",
O samadhi será consumado em cinco dias.

O Tantra da União do Sol e da Lua[23] afirma:

Portanto, estando livre de contaminações, isso é suficiente.
A autoliberação ocorre por si mesma
– a expansão do não surgimento.
A presença espontânea se dissolve no espaço da pureza primordial,

---

[23] O nome de um dos 18 tantras da Classe de Instruções do Dzogchen.

> *Livre dos extremos da esperança e do medo.*
> *Tendo cessado os limites de causa e efeito,*
> *Espaço e consciência pura, sem dualidade, são liberados*
> *em pureza primordial –*
> *A grande perfeição espontânea da não ação.*

Além disso, de acordo com o *Tantra Raiz do Kalachakra*:

> *Ao reconhecer essa luminosidade,*
> *A pessoa, definitivamente, sem nenhum estado intermediário,*
> *Será libertada de todo o sofrimento e infortúnio.*

Ademais, está escrito no *Nyime Namgyal*:[24]

> *A pessoa que reconheceu essa luminosidade*
> *Não verá a cidade do bardo.*
> *O aparecimento do rupakaya para o benefício dos outros*
> *se manifestará*
> *Como a analogia de uma joia realizadora de desejos.*

Como existem inúmeras afirmações a esse respeito, não deve haver nenhuma dúvida.

Explicação específica

Agora que expliquei o sistema geral, há ainda duas subdivisões: a luminosidade dharmakaya da pureza primordial e a luminosidade sambhogakaya, de acordo com os sistemas da Classe de Instruções do Dzogchen e o Ciclo Íntimo e Insuperável do Nying-thig.

A primeira divisão é exatamente a luminosidade básica do estado natural, que se manifesta como um céu puro e sem nuvens. Assim, se a pessoa reconhece sua própria natureza, nesse próprio reconhecimento, alcançará a iluminação no grandioso estado original da pureza primordial e estará, portanto, livre das manifestações residuais posteriores.

---

[24] Um texto tântrico pertencente às Novas Escolas.

Se estiver apenas levemente familiarizada com esse estado e, portanto, for incapaz de ser liberada, a respiração interna cessará, e o elemento vermelho surgirá da narina direita na forma de sangue ou linfa. O elemento branco emergirá do caminho secreto. Ao mesmo tempo, a consciência pura, como um lampejo efêmero, emergirá de uma das aberturas, tais como os olhos; e o bardo de dharmata se manifestará. O período que vai até esse ponto é chamado de luminosidade dharmakaya da pureza primordial.

Se a pessoa não é liberada nesse momento, então, ao final da dissolução do espaço em luminosidade, ocorrerá a luminosidade dissolvendo-se em unidade. Nesse instante, as deidades Heruka iradas se revelarão com todas as suas indumentárias e atributos, com inúmeras cabeças, usando vários ornamentos, enchendo o mundo inteiro. O som espontâneo de dharmata ribombará como se fossem milhares de trovões, e cores e luzes se acenderão como uma tempestade de explosivos.

No meio desse imenso terror, sem reconhecer sua essência, a pessoa entra em pânico e desmaia. Quando recupera a consciência, tudo que surgiu anteriormente terá desaparecido por completo, e as deidades pacíficas pouco a pouco se manifestam.

Então, todos os objetos perceptíveis, tais como terra, pedras, montanhas e rochas, totalmente desprovidos de materialidade, terão a natureza da luz de arco-íris, completamente translúcidos e luminosos. Espaçosos e livres de obstrução, brilhantes e magníficos, manifestam-se com uma natureza que transcende totalmente todas as limitações. Nesse momento, a pessoa vai pensar que tem o corpo de sua vida anterior. Inúmeras luzes de arco-íris permeiam totalmente o espaço em todas as direções, acima e abaixo, manifestando-se na forma de cinco esferas coloridas. Dentro de cada uma delas, estão inúmeras deidades pacíficas do vajradhatu, tais como as cinco famílias de vitoriosos, os bodisatvas masculinos e femininos, todos com expressões maravilhosas e trajes admiráveis de se contemplar. Raios luminosos extremamente finos se expandem do centro do coração de cada um deles e se conectam com o da própria pessoa. Todas essas manifestações são completamente ordenadas. Dos raios conectados ao coração da pessoa também se emanam inúmeras esferas delicadas. Posteriormente, a pessoa experiencia todas essas formas se dissolvendo nela própria.

Logo após, surge a unidade dissolvendo-se em sabedoria. Do centro do coração e no espaço acima, cintilam luzes azuis, brancas, amarelas e vermelhas, umas sobre as outras, como bandeiras estendidas. Cada uma é decorada com esferas de luzes em sua cor correspondente e novamente adornada com cinco esferas menores. Como um guarda-sol de penas de pavão, aparecem esplendidamente acima da pessoa, em todas as cinco cores. Tudo isso é chamado de o caminho interior de Vajrasattva. É o caminho da luz das quatro sabedorias combinadas. O caminho da luz verde não aparece, devido à falta da sabedoria que tudo realiza, porque a pessoa não se aperfeiçoou no poder da prática.

Em seguida, aparece a sabedoria dissolvendo-se no [nível] vidyadhara da presença espontânea. As manifestações de luz mencionadas anteriormente dissolvem-se nas cinco luzes acima, como um guarda-sol. A seguir, em toda a parte, acima desses fenômenos pessoais, o dharmakaya se manifestará como um céu sem nuvens, simbolizando a consciência pura e a vacuidade da pureza primordial. No meio, irão se manifestar o rupakaya da presença espontânea, os reinos dos pacíficos e irados, bem como os vários reinos do nirmanakaya natural. Abaixo aparecerão cenas dos mundos impuros das seis classes de seres. Tudo isso se manifesta simultaneamente, com intensa nitidez, como uma imagem refletida em um espelho.

Nesse momento, é da natureza das coisas que a pessoa tenha automaticamente os cinco superconhecimentos, as seis recordações e a memória perfeita, bem como o samadhi contínuo. Além disso, também é explicado que os inúmeros ensinamentos do Dharma, previamente conhecidos assim como desconhecidos, surgirão dentro da mente da pessoa.

Em suma, a liberação é garantida se a pessoa se lembra, nesse exato momento, dos pontos vitais das instruções orais que lhe foram ensinadas e os põe em prática. Mas, se o poder de sua prática for fraco, e a pessoa não se libertar, por um tempo, ela verá os aparecimentos oníricos do bardo do renascimento e, em seguida, sem dúvida, passará para um reino nirmanakaya natural. Tendo rapidamente percorrido todos os caminhos e estágios, ensina-se que a pessoa atingirá a iluminação.

Como trazer o bardo de dharmata para o caminho

Qual é a duração do bardo inicial da morte até esse ponto? Parece que, devido às palavras usadas, os intervalos e a duração de tudo o que acontece, esses estágios do bardo aparecem por um longo tempo, quando, na realidade, não duram muito. Na verdade, dadas as diferentes constituições dos nadis e as condições dos indivíduos e suas doenças, generalizar sobre os estágios de dissolução exteriores e interiores é impossível. Na maioria das vezes, no entanto, os estágios passam rapidamente.

Mais especificamente, ensina-se que a brancura, a vermelhidão e o negrume não duram mais do que um instante para completar uma ação. Quando, depois disso, aparece a luminosidade dharmakaya da morte – a sabedoria coemergente – ela não costuma durar mais do que um estalar de dedos para as pessoas comuns que nunca praticaram. Alguns conseguem mantê-la pelo tempo que "dura uma refeição". Além disso, pessoas que praticaram um pouco mantêm essa luminosidade pelo período de tempo que conseguiam manter estabilidade na prática da meditação. Isso é chamado de "dia de meditação". Ensina-se que a pessoa permanece nessa luminosidade pelo período de um a cinco desses dias.

Praticantes que possuem a confiança da realização são capazes de permanecer calmos nesse estado de luminosidade pelo período de tempo que quiserem. No final, para essas pessoas, a energia de sabedoria remeterá a consciência pela coroa da cabeça, e elas alcançarão a "grande ascensão direta". Isso é indicado pela bodicita branca aparecendo na coroa da cabeça, ou na narina esquerda, quando o ponto vital da energia de sabedoria se move pelo canal esquerdo. Durante um phowa bem-sucedido, a bodicita aparece dessa forma. Sem esse sinal, as alegações de sucesso em phowa são duvidosas.

Alguns mestres sábios e realizados, como Jamyang Palden Sangpo, afirmaram que aqueles que permanecem por longo tempo antes de sua consciência deixar o corpo, não estão necessariamente repousando em meditação perfeita, pois há algumas pessoas que assim permanecem por causa do apego a seus corpos.

Em todo caso, para as pessoas de qualquer das três capacidades, é totalmente inadequado cremar e realizar rituais de purificação para o corpo enquanto as essências branca e vermelha não emergiram, seja para cima ou para baixo. Por quê? A cremação será um obstáculo para aqueles que permanecem em meditação, e a pessoa comum apegada a seu corpo será queimada viva.

Agora, quanto às manifestações luminosas da presença espontânea, de acordo com o Dzogchen, para aqueles que são apenas um pouco avançados na prática, elas ocorrerão pelo período de um a cinco dias de meditação, correspondente ao seu grau de familiaridade. Para os que não são tão familiarizados, elas não duram mais do que um instante e, portanto, será difícil reconhecê-las. Alguns, falhando em distinguir sons, cores e luzes como a sua própria experiência pessoal, ficam apavorados e desmaiam.

Tendo descrito os pontos adicionais, aqui se segue a parte principal do capítulo.

O método supremo para reconhecer a luminosidade básica do primeiro bardo e alcançar a liberação é tornar-se totalmente determinado a conhecer a mente, agora mesmo, no bardo da vida presente, e então se concentrar exclusivamente, muito além da meditação e das distrações, na prática contínua da natureza suprema da mente comum, o estado não fabricado e natural do dharmakaya. É essencial conhecer como mantê-lo intocado pelos obstáculos das falhas ou violações, construções e fabricações mentais, não apenas no primeiro bardo, mas em todos os momentos. Esta é a essência máxima, essência suprema de todos os sutras, tantras e instruções orais. Uma vez que nela estão contidos todos os 84 mil ensinamentos, ela é a Grande Perfeição (Dzogchen). Uma vez que é inseparável dos três kayas, é o Grande Selo (Mahamudra). Dado que transcende as construções intelectuais, é o Conhecimento Transcendente (Prajnaparamita). Livre de todos os extremos, é o Caminho do Meio (Madhyamika). Consumando o resultado do caminho supremo, é o Caminho e Realização (Lamdre). Como pacifica naturalmente as emoções perturbadoras, ela é a Pacificadora (Shije). Uma vez que corta pela raiz o apego e a fixação presentes na experiência dualista, é a Cortante (Chöyul). Como, na realidade, une o ser com o estado de iluminação, é chamada de as Seis Uniões [Jordruk]. Como purifica a ignorância e o pensamento confuso, é o Treinamento da Mente [Lojong]. Em suma, todos os inúmeros tipos de ensinamentos profundos convergem exatamente para esse ponto vital. Assim, por não se concentrar vigorosamente nesse verdadeiro significado, a busca intelectual dos inúmeros planos se revelará ineficaz no momento de necessidade. Isso está descrito no *Tantra Künje Gyalpo*[25]

> *Quando conseguirmos ver a nossa mente "tal como ela é"*[26]
> *Buda não será meramente uma palavra.*
> *Desse modo, o mais elevado yoga é atingido nesse momento.*
> *Para os desafortunados de sina inferior,*
> *Mesmo se o oculto fosse revelado, eles não entenderiam,*
> *Assim como alguém que deseja uma joia preciosa*
> *Não a obterá polindo um pedaço de madeira.*

Assim, é essencial que nos esforcemos para praticar essa incontestável natureza agora mesmo.

De modo mais específico, a pessoa também deve se dedicar assiduamente às etapas de treinamento em luminosidade como ocorrem em textos como as *Six Doctrines* [Seis Doutrinas], *A Grande Libertação pela Auscultação nos Estados Intermediários,* e assim por diante. Quando alcançar estabilidade na luminosidade da realização durante o estado de sono profundo, reconhecer a luminosidade básica no momento do bardo de dharmata não será difícil.

---

[25] Um tantra pertencente à Classe Mente do Dzogchen, contido no *Kangyur, sNying rgyud*, Vol. Ka.

[26] Em inglês, *suchness*, em sânscrito, "*tathata*", significa a "tal como é" – a natureza absoluta dos fenômenos que não pode ser referida com conceitos.

Saiba, então, que, se conseguir praticar virtude enquanto dorme, a pessoa poderá reconhecer a primeira luminosidade. No momento da morte, isso vai fazer diferença entre permanecer realmente em meditação, e a mera permanência no corpo devido ao apego. Quando parece estar genuinamente imersa em meditação, quem souber pode dar a instrução para relembrar. Práticas complexas, tais como phowa, não podem ser realizadas com conceitos. Em suma, é evidente que, para os seres realizados, não há necessidade de depender de cerimônias intencionais, como rituais de purificação ou queima do nome.

Quanto à introdução da luminosidade aparente, a pessoa familiarizada com práticas tais como o Caminho Quíntuplo de Meios, Jordruk e outras, deve reconhecer que tudo o que aparece (a miragem, a brancura e os outros sinais) é simplesmente uma manifestação do dharmakaya – a própria autocognoscência. Para os praticantes de Thögal segundo o Dzogchen, é essencial confiar que toda aparição de sons, cores e luzes, deidades pacíficas e iradas, bindus, raios de luz, caminhos de luz e reinos puros, nada mais é do que a manifestação natural do ser, e, a seguir, devem repousar calmamente com base nesse entendimento. Para serem capazes de fazê-lo, é certo que precisam praticar desde já a clareza sobre a natureza básica de Trekchö, concentrando-se nas instruções que apontam para o caminho de Thögal.

Nos dias de hoje, os praticantes do Dharma parecem ter uma compreensão apenas rudimentar, confundindo os nomes Bön e Nyingma, e não podem ser incluídos entre os seguidores do Dharma. Em especial, no que diz respeito aos profundos ensinamentos Dzogchen, muitos realmente atingiram o corpo de luz, como Garab Dorje, Jampal Shenyen, Shri Singha e os Vinte e Cinco Panditas. Todos eles praticavam de modo a manter sigilo e não se envolviam como nós, tibetanos, em práticas de vendas, busca de lucro, fama e ganhos. Por essa razão, não ficaram tão famosos.

Apenas alguns volumes dos seis milhões de tantras, em sua maioria guardados nos reinos das dakinis de sabedoria e dos vidyadharas, estão presentes neste mundo humano. Aqui no Tibete, na ocasião da Primeira Propagação dos Ensinamentos, várias pessoas afortunadas foram liberadas no corpo de luz graças à bondade de Orgyen, de Vimalamitra e de Vairochana.

Embora hoje as diversas Linhagens Orais e as Linhagens dos Tesouros ainda estejam disponíveis, alguns professores, liderados por Go Lhatse e Drigung Paldzin, afirmam que hoje não existe mais o Dzogchen como existia na Índia; tentam provar que este não é um ensinamento genuíno e que se trata de uma visão Hashang. Criticar esses ensinamentos como se fossem composições meramente tibetanas acarreta o risco de ofender os seguidores. A maioria das pessoas sequer passou os olhos nos ensinamentos contidos no Kangyur, no Gyübum e em outras escrituras. Por isso, evita os ensinamentos dos Três Yogas, incluindo o Dzogchen, como se vissem o cadáver de um homem que sucumbiu à peste.

Aqueles que afirmam seguir a tradição Nyingma ocupam suas mentes com proteções, exorcismo e feitiços, a fim de alimentar seus assistentes, esposas e filhos. Exercem rituais nas aldeias com o objetivo de obter ganhos. Tornando a bebida a sua prática principal, nunca têm a oportunidade de ouvir os pontos principais do Dzogchen, nem que seja uma pequena parte. Por causa dessas práticas contraditórias, com certeza não atingirão o corpo de luz no período de uma vida, nem serão liberados no primeiro bardo. É evidente que perderam a oportunidade de ter a intenção, que dirá a sabedoria, de reconhecer o bardo de dharmata. Aquilo que Gyalwa Yang Gönpa disse é bem verdade: "Não adianta os ensinamentos serem Dzogchen, é a pessoa que precisa ser Dzogchen."

Tendo expressado com toda honestidade esses pontos sobre o modo como as manifestações aparecem, volto para o tema principal deste capítulo.

Segundo os textos-raízes do Dzogchen, o Trekchö tem três objetivos:[27] reconhecer a própria essência, chegar à conclusão de que o conhecimento básico (rigpa) é a única solução adequada a todos os estados de mente dualista e desenvolver confiança na liberação. O Thögal tem vários pontos após a constatação da natureza das seis lamparinas: estabelecer a base da tríplice imobilidade, manter a medida do tríplice remanescente, plantar a estaca da tríplice consumação e mostrar o grau de liberação por meio da confiança que tem quatro qualidades.

---

[27] Conhecido também como as *Three Words Striking the Vital Point* [Três Palavras que Atingem o Ponto Vital], de Garab Dorje.

Quando não deixa que esses e outros pontos sejam mera retórica, mas aplica seu significado ao próprio ser, a pessoa aperfeiçoa as quatro visões e, no melhor dos casos, libera o corpo físico no corpo incondicionado de luz. Na segunda melhor opção, atingirá a estabilidade da luminosidade básica, tal como o espaço dentro e fora de um vaso se misturam quando ele se quebra, e, portanto, como um leão que emerge do confinamento do útero, ou um garuda deixando o invólucro da casca do ovo, a mente atinge o dharmakaya simultaneamente à liberação do receptáculo do corpo físico de amadurecimento cármico. Como terceira opção, quando a luminosidade espontaneamente presente dos rupakayas se manifesta no bardo de dharmata, é de extrema importância possuir o ponto-chave do conhecimento de como adentrar o momento da luminosidade dissolvendo-se em união, o ponto-chave do corpo liberado no momento da união dissolvendo-se em sabedoria e o ponto-chave do reconhecimento da perfeição no momento da sabedoria dissolvendo-se no nível vidyadhara da presença espontânea.

Em relação a esse momento de presença espontânea, um tantra afirma:

Quanto à forma de manifestação da consciência pura espontaneamente presente,
Ela se manifesta em oito tipos de portões.

De acordo com essa afirmação, a expressão da consciência pura manifesta-se como compaixão, como luz, como corpos, como sabedoria, como não dualidade, manifesta-se como livre de extremos, manifesta-se como o portão impuro do samsara e como o portão puro da sabedoria. Quando esses portões forem incorporados às instruções orais, também haverá oito modos de dissolução.

Com a dissolução da compaixão, os seres sencientes samsáricos são liberados da experiência pessoal e, portanto, não há nem mesmo um indício de confusão. Da mesma forma, pela dissolução da luz, há um só sabor do dharmadhatu, que não é feito de cores conceituais e nem dividido em famílias. Pela dissolução dos corpos, há uma pureza tão completa quanto a essência que transcende as elaborações de cabeças e braços. Pela dissolução da sabedoria, ocorre a união da mãe e do filho de dharmata. Pela dissolução da não dualidade, o triquiliocosmo é liberado na própria essência. Pela dissolução da liberdade de extremos, os objetos referenciais são extintos. Pela dissolução do portão do samsara, a pessoa está livre do objeto ilusório de um local de nascimento. Pela dissolução do portão puro da sabedoria em corpo essência, o ser é iluminado na grande pureza primordial, a extinção dos fenômenos além dos conceitos.

O *Tantra da Grande Vastidão do Espaço*[28] afirma:

> *Enquanto este corpo material não for abandonado,*
> *As qualidades iluminadas não se manifestarão, tal como*
> *Por exemplo, um filhote de garuda dentro do ovo*
> *Pode ter desenvolvido por completo as penas de suas asas,*
> *Mas não pode voar antes do ovo eclodir.*
> *Com o rompimento da casca do ovo, a habilidade de*
> *voar ocorre simultaneamente.*
> *De modo semelhante, as qualidades do estado búdico*
> *Não estão manifestas no presente, mas são veladas pelo corpo.*
> *Assim que o corpo de amadurecimento cármico for descartado,*
> *As qualidades iluminadas serão manifestadas.*

O *Gongpa Thigdeb* também afirma:

> *Se alguém possui a grande confiança da realização,*
> *Assim como um leão alcança grande distância em um salto,*
> *Por meio da grande abertura da sabedoria*
> *Não haverá bardo e, em um instante,*
> *A pessoa atingirá a iluminação na Esfera Preciosa.*

Quanto à medida da liberação, o *Tantra da União de Sol e Lua* diz:

> *Existem três níveis de capacidade: aqueles de capacidade superior*
> *serão liberados em três instantes; os medianos podem ser liberados*

---

[28] *Nam mkha' klong yangs chen po'i rgyud*, nome do Tantra Dzogchen pertencente à Classe Espaço.

em cinco dias de meditação ou com certeza atingirão estabilidade em 21 instantes; aqueles de menor capacidade certamente seguirão para um reino nirmanakaya natural e atingirão a iluminação sem bardo subsequente.

Isso depende principalmente da prática atual da pessoa.

Nesse contexto, algumas pessoas acreditam que ensinamentos diferentes dos Dzogchen explicam que a consciência vai emergir [do corpo] e o bardo do renascimento se manifestará se a pessoa deixar de reconhecer a luminosidade do primeiro bardo. Exceto isso, nada explicam sobre as manifestações de sons, cores e luzes, ou sobre as deidades pacíficas e iradas. Essas pessoas pensam que, quando surgem, essas ocorrências são uma manifestação apenas de determinadas deidades das práticas que realizaram segundo sua tradição do Dharma, e que é impossível que todos possam ter experiência de ver as deidades pacíficas e iradas da tradição Nyingma.

Em geral, existem mesmo instruções completas sobre os bardos em conformidade com os estágios específicos do caminho e as instruções orais de cada uma das tradições do Dharma. No entanto, cada texto-raiz do tantra apresenta muitas diferenças quanto a ênfase da prática. Alguns dão prioridade ao estágio de desenvolvimento, outros enfatizam a prática de bem-aventurança e vacuidade do Caminho dos Meios Hábeis, e outros ensinam apenas a se concentrar em simplicidade. De fato, existem inúmeros sistemas. Mas a base da pessoa deve ser sua capacidade de aplicar no bardo a prática específica com a qual vem se familiarizando no presente.

Por meio do sistema Dzogchen Nyingthig, é possível praticar os ensinamentos Trekchö e Thögal como uma unidade. Tendo se habituado a tal prática, o bardo também se manifestará dessa maneira. Portanto, com a aplicação da prática, é lançada a base para a obtenção da liberação.

Como a prática Thögal não é ensinada diretamente, outros ensinamentos tampouco explicam que tais eventos se manifestarão no bardo. No entanto, por causa da mente-prana indivisível, composta pelas cinco essências, os sons, as cores e as luzes sempre vão se manifestar. Textos como a *Grande Libertação do Caminho Perigoso* salientam que a pessoa nunca se separa do nadi, prana e bindu supremos. Além disso, o Kalachakra e o Jordruk são semelhantes quanto aos sistemas das práticas de luz e escuridão do Dzogchen. Todos os tantras também concordam que as deidades percebidas são skandhas, elementos, faculdades e bases dos sentidos dos seres, que, desde o início, são espontaneamente perfeitos como a própria mandala.

Uma vez que, primordialmente, os cinco skandhas são os cinco aspectos de Budas, os cinco elementos são as cinco consortes, as oito coleções são os oito bodisatvas, os oito objetos estão as oito bodisatvas femininas, e assim por diante; não há deidades que não estejam incluídas dentro dos chamados cem aspectos sagrados. No entanto, todas as várias cores e atributos do corpo são explicados somente em termos das diferentes purificações das bases-de-purificação e daquilo de que se purifica.[29] Além disso, na verdade, não há nem uma única deidade e ou mandala que não esteja incluída nos três kayas indivisíveis da autocognoscência ou na unidade dos dois kayas.

Devido ao poder das tendências e hábitos individuais da pessoa, não é garantido que outras deidades, além dos cem aspectos sagrados, não possam se manifestar. Embora os degenerados possam percebê-las como ajudantes do Senhor da Morte, essas nada mais são do que suas próprias experiências cármicas. Na realidade, não importa o que apareça ou a sua forma, o ponto crucial é reconhecer que isso nada mais é do que uma experiência pessoal. Isso também é dito no *Domjung*:

> *Quando os praticantes falecem,*
> *Os herukas e outros seres, assim como as ioguinis,*
> *Trazem várias flores em suas mãos*
> *Bem como várias flâmulas e bandeiras,*
> *Com diferentes tipos de música*
> *Enviando a mensagem "a morte é apenas um pensamento!"*
> *Assim os praticantes são levados para o reino celestial.*

Isso parece ser semelhante ao bardo de dharmata da escola Nyingma.

---
[29] Ver Purificação, em Glossário.

Além disso, quem compreende que toda aparição é uma manifestação do guru e tem o grande e mesmo gosto inseparável da autocognoscência, de fato nunca se afastará do reino de dharmata da grande bem-aventurança, seja nesta vida, no bardo ou na próxima vida. Caso contrário, será exatamente como é dito no *Khachö Lutreng*:

> *Tal como a confusão nos sonhos do sono da noite passada,*
> *Mais tarde, será difícil praticar no bardo.*

Passando seus dias e noites em confusão, agarrada tenazmente no presente a uma realidade sólida, enquanto corpo, fala e mente estão juntos e têm alguma liberdade, a pessoa não conseguirá repousar em meditação durante a dor intensa do momento da morte, ou quando seus medos e ilusões estiverem rodopiando como um furacão. Penso, portanto, que deve se preparar para o grande e perene objetivo.

Versos Finais

A base, natureza da essência-sugata,
O caminho, o modo natural do dharmakaya autoexistente,
E a realização, consumação do estado búdico livre de profanações,
São na realidade unos e indivisíveis na consciência do presente.
Embora assim seja, como um tesouro oculto na casa de um mendigo,
Desde tempos sem início, até hoje, isso não foi reconhecido.
Mesmo quando reconhecido, sem sustentação, o estado natural
É deteriorado e arruinado por incessantes confusões e apegos.
Sustente agora, sem distrações, a essência-mente de tudo o que surge
Na consciência pura da face natural tal como ela é,
Sem ser coibida pela rigidez da meditação fabricada pela mente.
E esse conhecimento trespassará diretamente todos os bardos.

4

O bardo cármico do renascimento

A explicação da natureza do bardo cármico do renascimento também tem três partes.

Identificando a essência

Os praticantes Dzogchen de capacidade superior e média terão sido libertados nos bardos anteriores. Praticantes de menor capacidade, incapazes de alcançar a liberação apesar de terem visto a porta do reconhecimento durante a vida, terão, a seguir, as visões oníricas do bardo do renascimento. O resultado é que, pelo poder de relembrar as instruções anteriores e pelas bênçãos da verdade da realidade, renascerão milagrosamente em uma flor de lótus em um reino nirmanakaya natural e, como se despertassem de um sonho, atingirão o samadhi da consciência pura.

A leste, terão a visão de Akshobhya e as emanações da família vajra no reino da Verdadeira Alegria. Ao sul, no Reino Esplendoroso, serão iniciados pelas emanações da família Ratna. A oeste, no reino do Monte de Lótus, receberão a profecia[30] das emanações de Amitabha. Ao norte, no reino da Ação Realizada, as emanações da família karma purificarão suas tendências habituais. E, no centro, no reino do Samsara Totalmente Libertador, esgotarão seus obscurecimentos do conhecimento conceitual nos aspectos mais sutis da mandala do Glorioso Heruka, personificação das deidades iradas. Em quinhentos anos atingirão o estado búdico na grande pureza primordial do dharmakaya e atuarão para o benefício dos seres por meio de inúmeras emanações.

Algumas pessoas em um único reino das quatro direções recebem iniciação, profecia e confirmação, e logo atingem o estado búdico. Em suma, essas pessoas vivenciam o bardo do renascimento apenas por um curto tempo. Não passam por todos os seus sofrimentos e, sem entrarem em um útero, chegam a um reino puro. Esse estágio não é, portanto, considerado o verdadeiro bardo do renascimento. Assim, o *Tantra da União do Sol e da Lua* afirma:

> *Para a pessoa de faculdades inferiores que*
> *vê essa [manifestação],*
> *O estado intermediário será diferente,*
> *E também poderá desaparecer.*
> *O mestre disse que essas manifestações*
> *Põem fim à tendência habitual de fixação.*
> *Confirmada sua ida para um reino nirmanakaya natural,*
> *O estado búdico é alcançado sem um bardo.*

Nesse caso, o que seria o verdadeiro bardo do renascimento? Depois que o corpo e a mente se separaram, sons, cores, luzes e outras experiências da luminosidade de dharmata desaparecem, dado que sua natureza não foi reconhecida. O período entre o surgimento das tendências confusas até a entrada no ventre da próxima vida é chamado de bardo cármico do renascimento.

Explicação detalhada de como ocorrem suas manifestações

As pessoas comuns não possuem os pontos-chave das instruções orais.

---

[30] A profecia de seu nome futuro como um Buda perfeito e completamente iluminado.

Além disso, seus obscurecimentos cármicos predominantes tornam difícil a formação do estado mental correto ou a criação de uma coincidência auspiciosa por meio de uma instrução, tal como phowa. Mesmo que efetuem phowa, é extremamente difícil ter a capacidade de transferir a consciência para o objeto intencionado, quando não têm confiança e familiaridade. Portanto, vivenciarão em primeiro lugar, os tormentos dos estágios de dissolução.

Quando a luminosidade básica aparecer mais tarde, a maioria das pessoas comuns perderá a consciência. Ou seja, não reconhecendo sua natureza, tornar-se-á um tanto inconsciente e, quando as essências brancas e vermelhas finalmente emergirem das aberturas superiores e inferiores, a consciência será levada pela energia do karma e sairá por uma das nove aberturas.

Nessa ocasião, a pessoa será aterrorizada pelo som natural de dharmata. Terá medo das manifestações de luminosidade e desejará fugir dos raios luminosos da compaixão. Entrará em pânico ao ver as deidades da sabedoria desperta naturalmente presentes, como se fossem ajudantes do Senhor da Morte.

Embora perceba o cenário dos preciosos reinos de presença espontânea – todos os fenômenos do samsara e do nirvana – tão claramente como um reflexo em um espelho, a pessoa não se atreverá a olhar para os reinos puros dos três kayas superiores. Em vez disso, por causa do poder de solidificação de suas próprias tendências de apego e hábitos nocivos, sua mente se envolverá com as manifestações samsáricas dos seis reinos inferiores.

As luminosidades da natureza inata se manifestam devido ao ponto vital de os 80 estados mentais inerentes anteriores e as energias dos elementos terem se dissolvido na base. Mas, por não reconhecer sua natureza, agora novamente, a partir da energia abrangente da ignorância, o prana-ar reaparece; dele surge o prana-fogo; deste surge o prana-água; e deste, por sua vez, surge o prana-terra. Assim, a formação do samsara e da consciência torna-se cada vez mais manifesta e surgem os sete estados mentais resultantes da estupidez. A partir disso, o pensamento confuso torna-se novamente mais e mais denso. Assim surgem os 40 pensamentos originados do desejo e os 33 pensamentos originados da raiva. Pelo poder das energias dos cinco elementos combinados com a consciência, um corpo mental se manifestará em uma forma que possui todas as faculdades sensoriais intactas. Esse corpo terá um ligeiro brilho, exalará cheiros e terá o superconhecimento inferior de ser capaz de perceber as mentes dos outros.

Devido a um simples pensamento, o ser será capaz de se deslocar para qualquer lugar de todo o triquiliocosmo, exceto para o útero da futura mãe e para o Vajrasana.[31] Poderá ser visto por pessoas dotadas de superconhecimento e pelos seres no bardo que são do seu mesmo tipo, mas não por outros.

Assume subitamente uma forma tal que, embora veja seu corpo morto, a pessoa ainda não reconhece que morreu. Tendo ainda um forte vínculo com sua casa, riquezas e pertences, ela tentará recuperar suas posses. Vendo amigos e membros da família usando suas coisas, ela irá se sentir necessitada e raivosa, muito mais do que jamais se sentiu, mas ninguém perceberá.

Desprovida das essências internas – branca e vermelha – por onde quer que vá, não haverá a luz do sol e da lua. Mesmo atormentada pela fome e pela sede, não terá forças para apreciar qualquer alimento ou bebida que não lhe tenham sido especialmente destinadas. Deprovida de um corpo material, vagueará sem destino aqui e ali, para lá e para cá, como uma pena soprada pelo vento, e sentirá uma dor muito mais intensa do que jamais sentiu.

Além disso, nesse momento, ocorrem os seis sinais não fixos: (1) Sem residência fixa, poderá transmigrar em um instante e habitar de modo incerto em casas vazias, tocos de árvores, buracos, cavernas, e assim por diante. (2) Sem suporte fixo, adota como refúgio e suporte para seu sofrimento certos lugares de repouso, tais como diversos locais de culto. (3) Sem comportamento fixo, envolve-se com várias coisas a todo o momento. (4) Sem alimento fixo, percebe vários alimentos bons e ruins dos seis reinos, mas não consegue obtê-los, a menos que lhe sejam especialmente destinados. (5) Sem companhia fixa, por um breve momento, encontra e faz companhia a vários deuses, demônios,

---

[31] De acordo com algumas explicações, *Vajrasana* literalmente significa Assento Vajra, local sagrado em Bodh Gaya, Índia, onde Buddha Shakyamuni atingiu a iluminação. O grande mestre Jigme Lingpa afirma que, no entanto, neste contexto, refere-se ao estado da própria iluminação.

fantasmas e seres do estado intermediário. (6) Sem experiências fixas, vários tipos de percepções mentais, alegrias e tristezas mudam a cada momento, e a pessoa experimenta inúmeros e constantes pavores e alucinações.

Ademais, os chamados quatro inimigos temíveis aparecem: (1) Devido ao retorno do prana-terra, a pessoa sente que está presa sob uma montanha ou casa desmoronando. (2) Devido ao retorno do prana-água, sente como se estivesse sendo levada por um rio caudaloso ou afundando em um lago imenso. (3) Devido ao retorno do prana-fogo, sente que está sendo queimada em meio a uma floresta ou em uma casa em chamas. (4) Devido ao retorno do prana-ar, sente como se estivesse sendo levada por uma violenta tempestade.

Há também os sofrimentos de cair no que parece ser um abismo apavorante, imenso, branco, vermelho e preto, criado pelas formas naturais das tendências das três emoções venenosas. A isso se soma a sensação de ser atormentada por tempestades congelantes, ser surpreendida por tempestades de pus e sangue, ou ser perseguida por inúmeros e pavorosos demônios devoradores de cadáveres e animais carnívoros.

Como resultado da gravidade de suas más ações desta vida, pescadores, caçadores e açougueiros frequentemente têm a experiência ilusória de serem golpeados, espancados, mortos e retalhados por muitos dos mesmos tipos de animais que mataram nesta vida.

Em suma, as pessoas passam pelos sofrimentos do bardo do renascimento por sete semanas, ou, para algumas, até mesmo por meses e anos. Geralmente, continuam sentindo a dor da morte por até sete semanas, uma vez a cada semana. Em resumo, a metade de sua estadia no bardo é dominada pelas experiências dos padrões habituais do corpo e da vida presente, e a outra metade consiste principalmente das experiências da vida seguinte.

Mais ou menos no meio do caminho, a pessoa sentirá que chegou à terra pálida dos mortos, na presença do Senhor da Morte darmavajra, que está cercado de seu séquito de atendentes assustadores. Depois disso, o deus e o demônio inato de cada pessoa separam seus próprios atos de virtude e de maldade em pedras brancas e pretas.

A partir desse ponto na metade do caminho, a pessoa terá a experiência de um dos cinco caminhos de luz de *namjang*, manifestação natural da simultaneidade da energia cármica e dos padrões habituais dos cinco venenos, que aparecem como um prenúncio do seu local de nascimento entre as seis classes de seres. Se a pessoa tiver que nascer como um deus, aparecerá o caminho de luz branca pálida. Da mesma forma, para os semideuses, aparece uma luz vermelha; para os seres humanos, uma luz azul; para os animais, uma luz verde; e para os fantasmas famintos, uma luz amarela pálida. Se tiver o karma de nascer nos infernos, diz-se que a pessoa nem ficaria nesse lugar, mas desceria diretamente. Alguns textos ensinam que a pessoa renascerá nos infernos se seguir uma luz esfumaçada.

A Grande Libertação pela Auscultação afirma que esses caminhos de luz aparecem junto com as luzes das quatro sabedorias associadas, como foi mencionado anteriormente, no momento em que as deidades das cinco famílias se manifestam. Isso se destina a certos tipos de indivíduos. Para os que não conseguem levar os cinco kleshas venenosos para o caminho e não os reconhecem, aparecerão os caminhos de luz e os locais de nascimento das seis classes de seres. No entanto, os praticantes que reconhecem que essas luzes têm a natureza das cinco sabedorias poderão vê-las como as cinco luzes de sabedoria e as cinco famílias de Budas, e serão liberados em sua essência.

Nesse ponto, de acordo com *A Grande Libertação pela Auscult*ação e outros textos, no primeiro dia, aparecerá o Buda Akshobhya e sua comitiva, no segundo, Ratnasambhava, e assim por diante. Esse ensinamento sugere uma sequência de número de dias. Porém, poucos consideram que sejam os dias solares atuais. Como foi descrito anteriormente, como se trata de dias de meditação, entendemos que, para as pessoas comuns, eles não aparecem por mais do que um breve instante.

Dando continuidade ao que foi dito previamente, quando se apodera de qualquer um dos cinco tipos de *namjang*, a pessoa entende que morreu e, emergindo no corpo mental do bardo, sentirá desespero e um desejo intenso de encontrar um lugar de nascimento. Pelo poder desse entendimento, terá a experiência que corresponde ao seu karma específico para o renascimento em uma das seis classes de seres. Aquele que tiver que renascer como um deus terá a visão de entrar em um palácio celestial. Aquele que tiver que renascer como um semideus sentirá que entrou em uma roda de luz; alguns sentem como se tivessem entrado em meio a um campo de batalha. Se alguém se vir em uma caverna, em um buraco escavado na terra ou em um ninho de palha e lugares semelhantes, renascerá como um animal. Aquele que tiver uma visão de um toco de árvore, uma floresta profunda ou um pedaço de tecido se tornará um fantasma faminto. Aquele que renascer nos infernos se sentirá sendo impotentemente arrastado para o fundo de um fosso escuro, ou que chegou a uma cidade de ferro. Há também alguns que, sendo atraídos por canções, entretenimento e admiradores, se apegam a essas visões e, em seguida, se veem renascidos nos infernos.

Indivíduos que renascem como seres humanos têm vários tipos de visões. Vendo um lago adornado com cisnes machos e fêmeas, renascerão no continente oriental de Corpo Sublime. Vendo um lago por onde galopam cavalos machos e fêmeas, renascerão no continente setentrional do Som Desagradável. Ou, vendo um lago ornado de vacas e bois, renascerão no continente ocidental Rico em Gado. Nesse continente de Jambudvipa, renascerão como um ser humano comum, em um dos estados não livres, ao sentir que estão entrando em uma névoa; ou alcançarão um corpo humano precioso, se tiverem a experiência de chegar a uma mansão, a uma cidade ou se estiverem entre muitas pessoas.

Vendo o pai e a mãe envolvidos em uma relação sexual, a pessoa sentirá ciúmes ou desejo em relação ao pai ou à mãe, dependendo se vier a renascer como um homem ou uma mulher. Isso faz com que ela se ligue a eles e entre no útero.

Os seres de nascimentos miraculosos – do calor, da umidade e outros – entrarão nesse local de nascença devido ao pensamento de apego ou de raiva.

Explicação final de como aplicar as instruções

Deste dia em diante, devemos interromper, repetidas vezes e de todas as maneiras possíveis, a roda dos doze elos da interdependência dos sofrimentos apavorantes e aterradores que gira incessantemente, como o aro de uma roda de água. Portanto, a partir de hoje, vamos nos familiarizar com os pontos-chave das instruções como foram repetidamente explicadas anteriormente. O melhor conselho, que por si só será suficiente, é mantermo-nos inseparáveis do estado naturalmente desperto, a prática de obter domínio sobre nossa própria mente. O próprio Orgyen Rinpoche disse:

> *Alguém pode perguntar por que é possível atingir estabilidade ao simplesmente reconhecer, no momento do bardo, por um instante, sua própria natureza. A resposta é que, no presente, a mente está envolta na teia da energia do karma; a energia do karma está envolta na teia do corpo material de carne e osso e, portanto, a pessoa não tem independência. Após a separação desse corpo em matéria e mente, a mente-prana, juntamente com suas manifestações mágicas, não tem um suporte material concreto durante o período em que ainda não houve um envolvimento na teia do corpo futuro. A pessoa tem independência enquanto a mente não dispõe de uma base material, e pode, portanto, reconhecer sua própria natureza. Sua capacidade de atingir estabilidade pelo simples reconhecimento é como uma tocha que, em um instante, pode dissipar a escuridão de éons. Se a pessoa tiver esse reconhecimento no bardo, tal como o tem agora ao receber a instrução que revela a natureza da mente, não haverá dúvidas quanto a alcançar a iluminação. Portanto, desde já, familiarize-se com ela!*

Aspirações, em especial, são de extrema importância como ponto essencial de todos os treinamentos tanto do sonho, como do bardo. Isso significa que devemos estar continuamente atentos e determinados, pensando: "O que eu faço agora é como um sonho e uma ilusão. Morri e cheguei ao bardo! Todas as minhas experiências são experiências de bardo! Devo aplicar os pontos-chave específicos da prática!" Com essa determinação, não deixaremos de ser competentes no bardo.

No entanto, a maioria das pessoas comuns está solidamente fixada, pensando: "Estas experiências atuais são completamente reais! Elas existem! Eu não estou morto!" Esse tipo de ação, de fato, não deixa nenhuma chance para o reconhecimento no bardo. Além disso, nunca ninguém ensinou que as pessoas que se agarram a esta vida terão um bom resultado na prática do darma. Portanto, pratique como Milarepa disse:

> *Sendo a morte meu único medo,*
> *Treinei minha mente no estado natural para além da morte,*
> *E reconheci o significado essencial,*
> *A natureza básica do samsara liberado em si mesmo.*
>
> *Esta consciência pura interior, sem fundamento e nua,*
> *Livre de discursividade, a confiança da visão,*
> *Constatei ser a luminosidade vazia.*
> *Nascimento e morte já não me intimidam.*

Enquanto não nos dermos conta da luminosidade de *namjang*, devemos, em todas as situações, entender que as experiências apavorantes que ocorrem, não importam de que tipo, são automanifestações da nossa própria mente. Em particular, o conselho inigualável de Gampopa em *Bringing the Four Enemies into the Path* [Trazendo os Quatro Inimigos para o Caminho] e outras instruções são certamente de extrema importância.

Se atingirmos algum grau de domínio das instruções sobre o sonho, e se, no presente, formos hábeis em evocar emanações, desenvolver habilidades e, especialmente, cultivar terras puras, seremos capazes de alcançar tudo o que quisermos simplesmente ao relembrar os pontos principais. No contexto do Dzogchen, segundo o que foi explicado aqui, para alcançar o domínio sobre o reino puro da experiência pessoal, é necessário treinarmos nos caminhos e níveis especiais naqueles reinos puros do nirmanakaya natural e, portanto, sem muita dificuldade, rapidamente realizaremos a grande iluminação. O treinamento em phowa do reino celestial é também semelhante a esta [prática para o bardo do renascimento].

De qualquer modo, devido ao poder das tendências atuais e dos maus hábitos, devemos evitar nos envolver em sentimentos ligados a coisas materiais, amigos, assistentes, e assim por diante, ou nutrir pensamentos de gostar ou não daquilo que vemos como trabalhos inacabados, ou em relação a grupos de pessoas boas ou más. Muitas histórias contidas nos Sutras e em outros lugares exemplificam por que isso é importante. Então, sem nos apegarmos a nada, devemos nos empenhar exclusivamente na prática.

Uma vez que nos apoderamos de uma das luminosidades *namjang*, voltar atrás é bastante difícil. No entanto, apesar do que percebemos naquele momento, tal como o elo para o renascimento na forma do pai e da mãe da próxima vida, na melhor das hipóteses, segundo o Mahamudra, devemos repousar de modo equilibrado no estado de bem-aventurança e vacuidade da sabedoria coemergente, ou, segundo o Dzogchen, no estado de consciência pura e vacuidade. Esse é o método supremo para bloquear o portão do útero, chamado "detendo o entrante".

Se não tivermos tal capacidade, mas tivermos confiança no estágio correto de desenvolvimento e, portanto, formos capazes de emergir em um corpo ilusório puro ou em uma forma de sabedoria, unindo aparecimento e vacuidade, atingiremos o sambhogakaya no bardo. Todas as Escolas Sarma e Nyingma ensinam isso. Para tal realização, é preciso já ter habilidade com essa meditação por meio da compreensão correta do símbolo, significado e sinal do estágio de desenvolvimento. Mas, hoje em dia, devido aos tempos, a maioria das pessoas que se considera praticante do estágio de desenvolvimento medita com forte apego a um estágio de desenvolvimento solidificado ou conceitualizado. Tais meditações são feitas somente com a expectativa de pacificar doenças ou influências negativas desta vida, ou desenvolver algum poder para realizar uma das atividades habituais irrelevantes. Por outro lado, as pessoas que se dedicam à perfeita prática da deidade e do mantra em prol da iluminação completa parecem ser extremamente raras. Portanto, esqueçamos o estágio de desenvolvimento solidamente fixado como sendo a causa da libertação no bardo; vamos apenas refletir como alguém pode nascer como um fantasma faminto na forma do próprio yidam.

Se entendermos o estágio de desenvolvimento corretamente, devemos imaginar seja quem for que vemos – objetos de desejo, raiva ou ciúmes, tal como nosso pai e nossa mãe – como sendo o yidam com sua consorte. Isso também será uma causa suprema para bloquear o portão do renascimento.

Se quisermos renascer intencionalmente em um corpo humano para que possamos praticar o Dharma, devemos visualizar a nós mesmos e aos nossos pais como deidades e entrar no útero em posse dos samadhis, tais como os cinco aspectos da verdadeira iluminação, ou os três rituais. Fazendo isso, alcançaremos tudo que desejarmos.

Se formos um praticante monástico que preza os treinamentos preciosos, ao vermos o pai e mãe que são o vínculo para um renascimento, devemos eliminar sentimentos, pensamentos e ações, sejam eles de desejo ou agressão, por meio de uma determinação focada em nossa disciplina. Repulsa e renúncia inabaláveis também podem fechar a porta para os estados malignos do samsara. Portanto, neste exato momento, devemos nos treinar no estado mental familiarizado com essa renúncia.

Além disso, sem experiência em qualquer dessas práticas, seremos perseguidos pelos horrores do bardo, levando-nos forçosamente para estados malignos de renascimento. Se isso acontecer, devemos invocar o mestre e as Três Joias para que venham em nosso socorro e possamos tomar refúgio. Se pudermos suplicar a eles com total concentração, seremos liberados desses horrores pelo poder de sua infalível compaixão, e, tendo renascido em um corpo dotado com as liberdades e riquezas que nos permitem praticar o Dharma, em pouco tempo atingiremos a iluminação. Esses últimos são chamados de meios para bloquear o portão do nascimento até o local de entrada.

Se não conseguirmos bloquear o portão de nascimento para os fins referidos, há, ainda, alguns métodos que são ensinados para a escolha do local de nascimento. Em suma, todos os pontos importantes da instrução para os bardos estão incluídos anteriormente.

Além disso, quando uma pessoa comum está à beira da morte, ela deve ser deitada sob seu lado direito no colchão. Podemos recitar as escrituras abençoadas no topo da sua cabeça, tais como os nomes dos Budas, mantras dharani, e assim por diante. De acordo com algumas instruções, podemos realizar a essência de phowa e também usar a essência abençoada do samaya, entre outros. Em resumo, fazer o possível para providenciar os vários tipos de coincidências auspiciosas que resgatam os seres dos reinos inferiores.

Após a morte de uma pessoa, devemos realizar os rituais puros da mandala do Vajrayana, ler as palavras dos Sugatas em voz alta, fazer rituais de purificação, conferir iniciações, queimar a inscrição do nome, e assim por diante. Se esses passos forem realizados, então, por meio da verdade da infalível interdependência de causa e efeito, da compaixão dos vitoriosos e da verdade da natureza das coisas, o resultado será um imenso benefício.

Baseado nisso, no entanto, independentemente do fato de os realizadores desses rituais terem um samadhi correto, comportarem-se de forma imprópria ou terem uma atitude ou conduta perversa, como o falecido pode ver com suas percepções suprassensoriais, existe o perigo de que ele vá se conectar com um renascimento infeliz. Por esse motivo, uma atitude pura é essencial.

Em particular, usar oferendas e doações virtuosas para o benefício do falecido como desculpa para o abate de animais, em vez de ajudar, causará mais danos ainda. Como todos os Sutras e Tantras dizem isso, é realmente de vital importância não misturar más ações com qualquer ação virtuosa após a morte, sejam quais forem os formatos ou dimensões.

Para aqueles que entraram no portão das práticas profundas, não deveria fazer diferença se ações virtuosas são realizadas após sua morte. Se já não tornou desnecessário esperar que tais coisas aconteçam, a sua prática do Dharma deve ser supérflua. Como Orgyen disse:

> *Pratique o Dharma sagrado antes de morrer.*
> *Quando a iniciação for conferida na inscrição[32] do seu nome*
> *Será tarde demais.*
> *À medida que sua mente vagueia pelo bardo*
> *como um cão faminto,*
> *Pensar nos reinos mais elevados será difícil.*

---

[32] Purificação ritual realizada para as pessoas comuns após sua morte, durante a qual é escrito o nome em um pedaço de papel.

Shang Rinpoche disse:

Vestir a armadura depois de ser ferido,
Lamentar as más ações à beira da morte,
E dar iniciação ao cadáver após sua morte
É claro que pode ser bom, mas não será tarde demais?

Portanto, esforcemo-nos para praticar enquanto estamos neste corpo. Se pudermos praticar, condensando todos os pontos em um, então, não haverá nenhuma obstrução para os métodos do Dharma. Phadampa disse:

Uma pessoa não está arruinada por não conhecer o Dharma.
E nem está arruinada por ser incapaz de praticar.
Como pode haver alguém que não conhece as seis sílabas?
Mas, de fato, existem alguns que não as recitam.

Portanto, apliquemo-nos ao máximo, com toda convicção. Como Dampa Künga disse:

Se tivermos convicção, nunca nos faltarão instruções.
Não busquem a linhagem de auscultação em outro lugar,
ó povo de Dingri.

Portanto, concentremo-nos em praticar tudo aquilo que nos interessa ou com que estamos familiarizados e, então, a fim de obter os melhores resultados, que tenhamos prazer em morrer! Em segundo lugar, que possamos seguir sem medo ou pelo menos sem arrependimentos. Esta é a instrução do ponto mais essencial.

Versos Finais

Kyema!
Desde tempos sem início até hoje
Sempre naufraguei no oceano do samsara,
mas ainda assim não me cansei.

Ó Preciosos, por favor, voltem a minha mente para a virtude,
A mente desse impostor do Dharma que se esforça pelos
objetivos desta vida presente,
Sem nunca pensar em protegê-la quando sai em busca
de coisas não condizentes com o Dharma,
Mas que é incapaz de suportar uma única dificuldade
em favor do Dharma.
Com degenerada perseverança, como loucos se atirando em um rio –
Por favor, deem ouvidos a nós, os charlatães do Dharma
que povoam este mundo.

Vangloriando ser instruído, enquanto dou má fama à doutrina,
Fingindo ser virtuoso, embora repleto de não virtudes –
Esse hábito predominante, tal como excremento envolto em seda,
É a luz do sol poente dos ensinamentos de Buda.
Vendo as liberdades e riquezas como a névoa
na montanha prestes a se dissolver,
E o ciclo de vida desaparecendo tão rápido como
um curso d'água na montanha,
Porém, com meu tempo ocupado em preparações
como se eu fosse durar cem anos,
Agora é sem dúvida o tempo certo de me preparar para a morte.

Preparações e objetivos gerados pelo medo de não ser
considerado pelas pessoas,
Acumular riquezas por medo de morrer de fome na velhice,
E o fazer um esforço deliberado para ter um vasto conhecimento das palavras,
Agora não há tempo para fazer nenhuma dessas coisas.

Kyeho!
Reconheça essas múltiplas aparições, como um sonho,
Suas experiências pessoais são ilusórias e irreais.
Sem se fixar em nada, mantenha a autocognoscência para além dos conceitos.
Essa é a prática essencial do bardo desta vida.

Com certeza, você morrerá em breve, e então nada será de real ajuda.
A experiência da morte é apenas seu próprio pensamento conceitual.
Sem formular pensamentos, abandone-os no espaço da autocognoscência.
Essa é a prática essencial do bardo da morte.

A fixação naquilo que aparece ou desaparece como sendo
bom ou ruim é sua mente.
Essa mente é a autoexpressão do dharmakaya percebendo tudo o que há.
Não agarrar, não formular conceitos, não aceitar
nem rejeitar o que é percebido,
Essa é a prática essencial do bardo de dharmata.

O samsara é sua mente, e o nirvana também é sua mente.
Prazer, dor e experiências ilusórias não existem em nenhum
outro lugar além da sua mente.
Obter domínio sobre a sua própria mente,
Essa é a prática essencial do bardo do renascimento.

Como sua autocognoscência nunca está separada dos três kayas,
Ela é totalmente desprovida dos atributos desta vida, da próxima e do bardo.
Todavia, a confusão do bardo aparece para a mente
que ainda não reconheceu isso.

É essencial tomar exatamente o que aparece como o caminho.
As várias experiências pessoais que surgem
Não são destruídas quando você se desfaz delas,
nem podem ser cessadas se bloqueadas.
Porém, ao reconhecer sua natureza, você se liberta
das causas e condições a favor da confusão.
Todos os pontos principais estão condensados apenas nisso.

Portanto, siga diligentemente um mestre sagrado
E esclareça suas dúvidas sobre a essência de todos os ensinamentos.
Com a disciplina de igualar seu tempo de vida com sua prática,
Aplique-se em realizar rapidamente seu próprio bem-estar e o dos outros.

"Como todos os pontos-chave das práticas essenciais
do mantra secreto de verdadeiro significado
Podem ser condensados nesses quatro estados do bardo,
Por favor, explique suas divisões e formas de condensá-los."
Tendo sido assim instado por aquele que se chama Aspiração,[33]
Eu proferi esses versos.

Alguém como eu que não tenha estudado ou refletido
sobre as escrituras tradicionais
E não disponha de nem mesmo uma experiência de meditação,
Não terá o poder de encantar ou beneficiar as outras pessoas
ao proferir essas palavras,
Mas apenas se sentirá cansado ao expressá-las.

---

[33] O nome da pessoa que solicitou esses ensinamentos.

*Quando hoje em dia os livros das palavras do Buda
e os textos-raiz dos eruditos e realizados
São na maior parte das vezes transformados em
ninhos para insetos e vermes,
Como qualquer pessoa inteligente poderia se deleitar
Com essa minha composição de palavras comuns?*

*No entanto, a fim de não contrariar
A intenção daquele que me solicitou,
Escrevi aqui, o melhor que pude,
O que ouvi das vozes generosas de alguns mestres.*

*Seja qual for a nobre razão que possa haver no ato
de confessar todos os erros e enganos,
Que todas as minhas mães na infinitude do samsara
alcancem a iluminação completa,
Que todas as direções e todos os tempos sejam preenchidos
com a benevolência auspiciosa
Dos imaculados ensinamentos de Buda, eternamente reluzindo
como uma tocha para aqueles a serem treinados.*

EPÍLOGO

Juntamente com um *ganachakra* [oferenda de celebração], Kalden Mönlam [Digno de Aspiração] fez este pedido: "Precisamos de uma composição detalhada e elucidativa sobre a manifestação dos bardos, seus defeitos, virtudes e como se deve praticar, que esteja de acordo com o significado geral de todas as Escolas Novas e Antigas do Mantra Secreto." Como minha visão do aprendizado e da contemplação é fraca, e o pouco que aprendi tende a cair sob o poder do esquecimento, não consigo expressar nada com muita exatidão. No entanto, escrevi aqui o máximo que pude a partir de tudo que li em certas escrituras, acrescido de fragmentos daquilo que ouvi de alguns mestres generosos.

Se o que está escrito aqui tiver muitas falhas, tais como incorreções, contradições ou repetições, devido à minha desmedida ignorância, rogo que não seja desprezado pelas pessoas inteligentes, instruídas e realizadas.

Isto foi escrito por Natsok Rangdröl enquanto estava em retiro na floresta do eremitério do Glorioso Götsangpa. Que possa ser virtuoso!

POSFÁCIO
Do tradutor do tibetano para o inglês

De acordo com os esclarecimentos dados por Tulku Urgyen Rinpoche e por Chökyi Nyima Rinpoche, este livro foi traduzido por Erik Pema Kunsang no Monastério Ka-Nying Shedrup Ling e no Nagi Gompa, ambos situados no Nepal, em 1986.

Versos de Dedicação

Embora o espaço básico seja totalmente puro desde o início,
Os seres vagueiam pelos estados do bardo devido ao não reconhecimento da natureza das manifestações básicas.
Em virtude da publicação desta dádiva do Dharma –
Os Pontos Gerais do Bardo,
As palavras profundas e secretas de Natsok Rangdröl, que alcançou a perfeição nas quatro visões,
E que compassivamente liberta todos os seres do oceano de samsara –
Possam os ensinamentos de Buda florescer,
E todos os três reinos atingirem o resultado dos quatro kayas.[34]

---

[34] Estes versos, de autor desconhecido, foram encontrados no final do nosso manuscrito em tibetano.

APÊNDICE
Os Tantras Dzogchen

A informação que se segue é um resumo dos ensinamentos de Vimalamitra, de Longchenpa e de Khenpo Ngakchung tal como está registrado no Nyingthig Yabshi e comentários relacionados.

O primeiro vidyadhara humano da linhagem Dzogchen foi Garab Dorje, que compilou os 6.400.000 tantras da Grande Perfeição. Ele confiou esses ensinamentos a seu discípulo principal, Manjushrimitra, que, em seguida, classificou-os nas três classes do Dzogchen: Classe Mente, Classe Espaço e Classe de Instruções.

O principal discípulo de Manjushrimitra, o grande mestre conhecido como Shri Singha, dividiu a Classe de Instruções nos Quatro Ciclos do Nyingthig: Exterior, Interior, Secreto e Ciclo Íntimo Insuperável.

O Ciclo Íntimo Insuperável consiste em 17 tantras. Somam-se 18 quando se adiciona o *Tantra Ngagsung Trömay*, centrado nos ritos protetores de Ekajati. De acordo com o sistema de Padmakara, existem 19 tantras quando se inclui o *Tantra Longsel Barwey*.

Esses tantras ensinam na íntegra todos os requisitos para uma pessoa praticar e atingir o completo estado búdico no período de uma única vida. Um tantra não depende do outro, cada um é completo em si mesmo.

1. Tantra-Raiz Dra Thalgyur (*sgra thal 'gyur rtsa ba'i rgyud; Dra Thalgyur Root Tantra*) explica como atingir o nível nirmanakaya e realizar o bem-estar dos outros seres por meio de práticas relacionadas ao som.

2. O Tantra da Auspiciosidade Graciosa (*shis bkra mdzes ldan gyi rgyud; the Tantra of Graceful Auspiciousness*) ensina como estabelecer a natureza da consciência pura e identificar a base da confusão e da inconfundível sabedoria.

3. O Tantra do Espelho do Coração de Samantabhadra (*kun tu bzang thugs po kyi me long; Tantra of the Heart Mirror of Samantabhadra*) mostra como identificar e superar armadilhas e falhas e como estabelecer o que é inato.

4. O Tantra da Lamparina Flamejante (*sgron ma 'bar ba'i rgyud; Blazing Lamp Tantra*) ensina como identificar as "lamparinas" relacionadas com a consciência pura, sua terminologia, as analogias de como a sabedoria surge, a unidade da consciência pura, como esclarecer equívocos a respeito da autocognoscência e como praticar.

5. O Tantra do Espelho da Mente de Vajrasattva (*rdo rje sems dpa' snying gi me long; Tantra of the Mind Mirror of Vajrasattva*) ensina como as lamparinas são a automanifestação da consciência pura. Por meio de 21 instruções indicadoras de sabedoria, diferentes tipos de pessoas a reconhecem. Ensina também os quatro pontos principais e como praticar.

6. O Tantra da Consciência Pura Automanifesta (*rig pa rang shar gyi rgyud; Tantra of Self-Manifest Awareness*) ensina como esclarecer a visão, a meditação e a ação.

7. O Tantra da Joias Cravejadas (*nor bu bkra bkod; Tantra of Studded Jewels*) mostra como eliminar os defeitos e desvios relacionados com a visão e a prática da meditação, conduta e realização.

8. O Tantra das Instruções que Evidenciam a Natureza da Mente (*ngo sprod sprad pa'i rgyud; Tantra of Poiting-out Instructions*) descreve como aplicar a essência da consciência pura na prática do meditador por meio de várias indicações.

9. O Tantra das Seis Esferas de Samantabhadra (*kun tu bzang po klong drug pa'i rgyud; the Tantra of Six Spheres of Samantabhadra*) ensina como purificar e impedir o renascimento nos seis reinos e manifestar os reinos puros da automanifestação.

10. O Tantra Sem Letras (*yi ge med pa'i rgyud; Tantra of No Letters*) descreve os verdadeiros meios da prática, como abandonar as atividades e viver em locais livres de deficiências, as quatro formas de "repousar livremente", sustentando a naturalidade e o método imaculado da parte principal da prática.

11. O Tantra do Leão Excelente (*seng ge rtsal rdzogs kyi rgyud; Tantra of the Perfected Lion*) explica os graus de progresso e os sinais que ocorrem, como estabilizar a consciência pura e como elevar o nível da experiência.

12. O Tantra da Guirlanda de Pérolas (*mutig phreng ba'i rgyud; Pearl Garland Tantra*) é ensinado a fim de se evitar que a consciência vagueie, apresentando os meios para trazê-la à maturação; ensina como praticar e como alcançar familiaridade e liberação.

13. O Tantra da Consciência Pura Autoliberada (*rig pa rang grol gyi rgyud; Tantra of Self-liberated Awareness*) ensina como a consciência pura é incriada e liberada por si mesma, como controlar seus aparecimentos, como desenvolver familiaridade com a corrente vajra, e como libertar naturalmente todos os seres do samsara e do nirvana.

14. O Tantra das Joias Empilhadas (*rin chen spungs pa'i rgyud; Tantra of Piled Gems*) explica como todas as qualidades manifestas têm a mesma essência de espaço e consciência pura.

15. O Tantra das Relíquias Brilhantes (*sku gdung 'bar ba'i rgyud; Tantra of Shining Relics*) descreve os sinais exteriores e interiores da consciência pura atingindo maturidade, e que se manifestam antes e após o momento da morte, a fim de inspirar e infundir confiança em outras pessoas.

16. O Tantra da União do Sol e da Lua (*nyi zla kha sbyor; The Union of Sun and Moon Tantra*) mostra a experiência pela qual uma pessoa passa no estado intermediário (bardo) após a morte. Ensina como explicar as instruções orais

do mestre durante o bardo desta vida, como estabilizar a consciência durante o bardo da morte, como atingir a iluminação por meio do reconhecimento da consciência pura durante o bardo de dharmata, e, se necessário, como garantir um renascimento em um reino nirmanakaya natural durante o bardo do renascimento e atingir o estado búdico sem outros renascimentos.

17. O Tantra da Perfeição Autoexistente (*rdzogs pa rang byung; Tantra of Self-Existing Perfection*) ensina como se preparar para ser um recipiente adequado dos ensinamentos por meio das quatro iniciações.

18. O Tantra do Negro Irado Shri Ekajati (*dpal e ka dza ti nag mo khros ma'i rgyud; Tantra of the Black Wrathful Shri Ekajati*) descreve como proteger o praticante contra danos causados por outros.

Vimalamitra uniu a linhagem explicativa com as escrituras e a linhagem de audição sem escrituras, e as escondeu para serem reveladas no futuro como os ensinamentos Nyingthig, conhecidos por "Vima Nyingthig", e também "A Essência Secreta do Coração de Vimalamitra" (*bi ma'i gsang ba snying thig*). Longchenpa explicou esses ensinamentos nas 51 divisões do Lama Yangthig.

Padmakara escondeu seus ensinamentos do Ciclo Íntimo Insuperável para que fossem revelados no futuro, como Khandro Nyingthig, A Essência do Coração das Dakinis. Longchenpa também elucidou esses ensinamentos em seu Khandro Yangthig.

Esses quatro conjuntos excepcionais de instruções Dzogchen, juntamente com os ensinamentos adicionais Zabmo Yangthig, estão contidos na coleção de Longchenpa conhecida como Nyingthig Yabshi.

Nos últimos anos, muitos ocidentais tiveram a sorte de receber essa coleção de ensinamentos em sua integralidade de grandes mestres vivos, sob a orientação de Sua Santidade Dilgo Khyentse Rinpoche, Pema Norbu Rinpoche e Dodrup Chen Rinpoche e, parcialmente, dos mestres que transmitiram os tesouros preciosos de Jamgön Kongtrul: o Rinchen Terdzö e o Damngak Dzo.

GLOSSÁRIO

Este glossário foi parcialmente compilado a partir de perguntas feitas a Tulku Chökyi Nyima Rinpoche e a Tulku Urgyen Rinpoche, com o objetivo de dar aos leitores uma noção das diferentes expressões incomuns utilizadas na tradução. O tradutor tentou abster-se de interpretações pessoais, mantendo-se estritamente fiel ao que ouviu de seus professores.

O glossário não pretende dar explicações exaustivas. Porém, incluímos os termos equivalentes em tibetanos, para que os termos mais profundos possam ser esclarecidos por mestres da língua tibetana. Vários termos em inglês foram cunhados exclusivamente para o uso desta tradução e podem ter sido formulados de modo diferente em outros contextos.

A tradução para o português manterá os termos em tibetano (e também em sânscrito, quando houver), seguido da tradução para o inglês como referência para estudantes e leitores.

• **A**

Abertura de brama   *tshangs bug; aperture of Brahma*
A abertura no topo de cabeça de uma pessoa, situada a oito dedos acima da linha do cabelo.

Ação realizadora   *las rab rdzogs pa; fulfilled action*
O reino puro do Buda Amoghasiddhi.

Acharya Nagarjuna *slob dpon klu sgrub*
Grande mestre indiano de filosofia que foi chamado "Mestre dos Nagas", porque ensinou os seres no reino dos nagas e retornou com a versão extensa do Prajnaparamita que havia sido deixada sob a proteção dos mesmos.

Acumulação de mérito *bsod nams kyi tshogs; accumulation of merit*
Ações virtuosas com conceitos.

Acumulação de sabedoria *ye shes kyi tshogs; accumulation of wisdom*
Ações virtuosas com base no conhecimento discriminativo *(shes rab)* do *insight* em vacuidade.

Adibuda Samantabhadra *mdod ma'i sangs rgyas kun tu bzang po*
O Buda primordial iluminado.

Akshobyha *mi bskyod pa*
O Buda principal da família vajra.

Amadurecimento e liberação *smin grol; ripening and liberation*
Amadurecimento por meio de iniciações e liberação por meio de instrução oral.

Amadurecido e liberto *smin grol; ripened and freed*
Ver amadurecimento e liberação.

Amitabha *snang ba mtha' yas*
Um dos cinco Budas, a figura principal da família lótus.

Anu *rjes su [rnal 'byor]*
O segundo dos três tantras interiores: Maha, Anu e Ati. A ênfase deste tantra é a mandala de Buda contida no corpo vajra do yidam; sua prática principal é o estágio de completude com conceitos.

Aparecimento e existência *snang srid; appearance and existence*
Tudo que pode ser vivenciado e tem possibilidade de existência. Em geral, este termo refere-se ao mundo e aos seres sencientes.

Aparecimento, crescimento e consumação *snang mched thob gsum; appearance, increase and attainment*

Os três estágios no processo de dissolução, seja no momento da morte, seja ao adormecer.

Apego e fixação *gzung 'dzin; grasping and fixation*
Referem-se à dualidade de um objeto percebido e a mente que o percebe.

Ápice da existência *srid pa'i rtse mo; summit of existence*
O maior dos quatro reinos da não forma, também conhecido como a "esfera nem da percepção nem da não percepção."

Aspectos ignorantes da base-de-tudo *kun gzhi ma rig pa'i cha; ignorant aspecto f the all-ground*
Sinônimo de *ignorância coemergente*.

Ati *shin tu [rnal 'byor]*
O terceiro dos três tantras interiores. Ati yoga é sinônimo de Dzogchen *(sansc. mahasandhi)*. A ênfase deste tantra é a mandala de Buda contida na natureza da mente, e as principais práticas são do estágio de completude sem conceitos, conhecidos como trekchö e thögal.

Atributo simbólico *brda' rtags; symbolic attribute*
Por exemplo, um vajra ou uma roda.

Avalokiteshvara *spyan ras gzigs*
(1) Corporificação de compaixão; (2) Um dos oito principais bodisatvas.

• B

Bardo cármico do renascimento *srid pa las kyi bar do; karmic bardo of becoming*
O período entre o surgimento de um corpo mental até a entrada em um útero, no momento da concepção.

Bardo da morte *'chi kha'i bar do; bardo of dying*
O período que vai do momento em que se contrai uma doença fatal até o final dos três estágios de dissolução.

Bardo de dharmata *chos nyid kyi bar do; bardo of dharmata*
O período que vai da morte até o surgimento do corpo mental do bardo do renascimento.

Bardo desta vida *skye gnas kyi bar do; bardo of this life*
O período que vai da concepção no útero até se contrair uma doença fatal ou se deparar com uma causa de morte irreversível.

Bardo doloroso da morte *'chi kha sdug bsngal gyi bar do*
Ver Bardo da morte.

Bardo do renascimento *srid pa'i bar do; bardo of becoming*
O período depois da morte que vai do surgimento da confusão e entrada no corpo mental até o ato de ser concebido no útero da próxima vida.

Bardo luminoso de dharmata *chos nyid 'od gsal gyi bar do; luminous bardo of dharmata*
O período que vai do momento após a morte até o surgimento do corpo mental do bardo do renascimento.

Bardo natural desta vida *rang bzhin skye gnas kyi bar do; natural bardo of this life*
Ver Bardo desta vida.

Base-de-tudo *kun gzhi; alaya; all-ground*
Esta palavra tem significado diferente em diferentes contextos e deve ser entendida de acordo com cada um deles. Literalmente, significa "o fundamento de todas as coisas".

Bhumis *sa*
Os 10 níveis do bodisatva.

Bindus (1) As essências vermelha e branca. (2) Esferas ou círculos.

Bodicita *byang sems, byang chub kyi sems; bodhicitta*
(1) A aspiração de alcançar a iluminação para o benefício de todos os seres.
(2) As essências geratrizes do corpo: a vermelha (feminina) e a branca (masculina).

Bodicita de aplicação *'jug pa'i byang chub kyi sems; bodhicitta of application*
Composta principalmente pelas seis paramitas.

Bodicita de aspiração *smon pa'i byang chub kyi sems; bodhicitta of aspiration*
Composta essencialmente pelas quatro incomensuráveis: compaixão, amor, alegria e equanimidade.

Bodisatva *byang chub sems dpa'*
Alguém que desenvolveu bodicita, a aspiração de alcançar a iluminação a fim de beneficiar todos os seres sencientes.

Bön *bon*
Antiga tradição religiosa do Tibete antes do Budismo. Quando usado com uma conotação negativa, significa o uso de rituais para propósitos mundanos e egoístas.

Brancura *dkar lam; whiteness*
Uma das experiências durante o bardo do momento da morte.

Brancura, vermelhidão e negrume *dkar lam, dmar lam, nag lam; whiteness, redness and blackness*
As três experiências que acompanham os estágios de aparecimento, crescimento e consumação.

Buda precioso *sangs rgyas dkon mchog; precious buddha*
O estado búdico dotado com perfeito benefício para si mesmo e para os outros.

Buddha shakyamuni *sangs rgyas sha kya thub pa*
O Buda histórico.

• C

Caminhos *lam; paths*
Os cinco caminhos ou estágios do caminho para a iluminação: o caminho da preparação, união, visão, meditação e não-mais-aprendizado.

Caminhos e bhumis *sa lam; paths and bhumis*
Os cinco caminhos e os 10 níveis de bodisatva.

Caminho e realização *lam 'bras; path and fruition*
Ver Lamdre.

Caminho e resultado *lam 'bras; path and result*
Ver Lamdre.

Caminho dos meios hábeis *thabs lam; path of means*
Aqui, o termo refere-se às práticas das Seis Doutrinas. Deve ser praticado em combinação com o caminho da liberação, que é o Mahamudra propriamente dito.

Caminho dos dois estágios *rim gnyis kyi lam; path of the two stages*
Os dois estágios de desenvolvimento e completude, que são os meios e conhecimentos (prajna e upaya) da prática vajrayana.

Caminho interior de vajrasattva *rdo rje sems dpa 'khong seng gi lam; inner path of vajrasattva*
Uma das últimas experiências no bardo de dharmata.

Caminho profundo *zab lam; profound path*
Aqui se refere aos ensinamentos Mahamudra.

Canais, energias e essências *rtsa rlung thig le; channels, winds and essences*
Nadi, prana e bindu, os constituintes do corpo vajra.

Cem aspectos sagrados *dam pa rigs brgya; hundred sacred aspects*
As 42 deidades pacíficas e as 58 deidades iradas.

Chetsun Senge Wangchuk, grande mestre da linhagem Nyingma
Chetsun significa "o que tem língua nobre", alguém que nunca mentiu, caluniou ou falou mal dos outros. Quando estava para fazer a transição para o corpo luminoso de arco-íris de cinco cores em Oyuk Lung, no Tibete Central, ele deu suas últimas instruções à dakini Palgyi Lodro, epítome dos ensinamentos Dzogchen. Muitos séculos depois, o grande mestre não sectário Jamyang Khyentse Wangpo teve uma experiência visionária recordando sua encarnação anterior como Chetsun Senge Wangchuk e recebeu de volta os ensinamentos dados

pela dakini. Escreveu-os e chamou-os de *Chetsun Nyingthig*, Essência do Coração de Chetsun, ciclo de ensinamentos que é um dos mais importantes tantras Dzogchen para ser praticado pelas gerações futuras.

Chöd *gcod*
Pronuncia-se chö. Literalmente, "cortar". Um sistema de práticas estabelecidas por Machik Labdrön com o propósito de eliminar os quatro Maras. Esta é uma das oito carruagens da Linhagem Práxis do budismo no Tibete.

Chödruk *chos drug*
As Seis Doutrinas.

Chökyi Nyima Rinpoche *chos kyi nyi ma rin po che*
O abade do Monastério Ka-Nying Shedrup Ling situado no vale de Catmandu, no Nepal; filho mais velho de Tulku Urgyen Rinpoche.

Chöyul *gcod yul*
Sinônimo de Chöd.

Ciclo secreto de luminosidade *'od gsal gsang skor; secret cycle of luminosity*
Um aspecto da Classe de Instruções do Dzogchen.

Ciclo secreto insuperável do nyingthig *yang gsang bla na med pa'i snying thig gi skor; innermost unexcelled cycle of nyingthig*
A quarta das quatro divisões da Classe de Instrução de Dzogchen conforme a ordenação de Shri Singha. *Ver* Apêndice.

Cinco aspectos da verdadeira iluminação *mngon byang lnga; five aspects of true enlightenment*
Os cinco aspectos da visualização de uma deidade no estágio de desenvolvimento: disco lunar, disco solar, sílaba semente, atributo simbólico e a forma completa da deidade.

Cinco aspectos de budas *rgyal ba rigs lnga; five buddha aspects*
Ver cinco famílias de Jinas.

Cinco budas mulheres *rgyal bayum lnga; five female buddhas*
Dhatvishvari, Mamaki, Locana, Pandaravasini, Samayatara.

Cinco chakras   *'khor lo lnga; five chackras*
As cinco rodas-nadis do corpo vajra.

Cinco consciências dos sentidos   *sgo lnga'i rnam shes; five consciousness*
As cinco funções de cognição dos objetos dos sentidos: forma visual, som, cheiro, sabor e tato.

Cinco consortes   *yum lnga; five consorts*
As cinco budas mulheres.

Cinco elementos
São os componetes fundamentais do nosso meio ambiente, do nosso corpo e, em suas formas sutis, das modalidades da mente: terra, água, fogo, ar e espaço.

Cinco estágios do caminho   *lam lnga;five paths*
Estágio da preparação, da união, da visão, da meditação e do nada-mais-a--aprender. Esses são os cinco estágios do caminho ao longo de todo o processo, desde o início da prática do Dharma até a completa iluminação.

Cinco famílias de budas   *rigs lnga; five buddha families*
As famílias buddha, vajra, ratna, padma e karma.

Cinco famílias de jinas   *rgyaba rigslnga; five families of jinas*
Cinco aspectos de Budas: Vairochana, Akshobhya, Ratnasambhava, Amitabha, Amoghasiddhi.

Cinco famílias iluminadas   *rigs lnga; five families*
(1) O mesmo que cinco famílias de Jinas. (2) Cinco famílias de Budha.

Cinco kleshas venenosas   *nyon mongspadug lnga*
Os cinco venenos.

Cinco sabedorias   *ye shes lnga; five wisdoms*
São elas: a sabedoria dharmadhatu, a sabedoria que é como um espelho, a sabedoria da igualdade, a sabedoria discriminativa e a sabedoria que tudo realiza. As cinco sabedorias não devem ser entendidas como entidades separadas ou sendo alcançadas individualmente. São diferentes "facetas da mesma joia", ou funções diferentes da essência iluminada de um ser em seu estado desnudo.

Cinco skandhas ou agregados *phung po lnga; five skhandas*
Os cinco aspectos que compreendem os componentes físicos e mentais de um ser senciente: forma física, sensações, percepções, formações mentais e consciências.

Cinco superconhecimentos *mngon shes lnga; five superknowledges*
As capacidades de realizar milagres, clarividência, clariaudiência, conhecimento de vidas passadas e conhecimento da mente dos outros.

Cinco tipos de namjang *rnam byang lnga*
As luzes naturais da natureza búdica, o estado básico de todos os seres. Se o praticante reconhecer que essas luzes são a expressão de sua essência inata, progredirá em direção à liberação; se prender-se a elas como sendo fenômenos externos a si mesmo, o resultado será maior emaranhamento na existência samsárica.

Cinco venenos *dug lnga; five poisons*
Desejo, raiva, ilusão, orgulho/arrogância e inveja.

Classe de instruções esotéricas *man ngag gi sde; instruction section*
A terceira das três classes do Dzogchen segundo a classificação de Jam pal Shenyen.

Classe mente do dzogchen *rdzogs chen sems sde; mind section of dzogchen*
A primeira das três classes do Dzogchen.

Classe mente e classe espaço *sems sde, klong sde; mind and space sections*
As duas primeiras das três classes do Dzogchen.

Classes de consciência *tshogs brgyad, collections*
As oito classes de consciências/cognições.

Classes de tantras *rgyud sde; tantric sections*
As quatro ou seis classes de tantras.

Classificação dos tantras interiores e exteriores *phyi nang gi rgyud sde; outer and inner tantra sections*
Os três tantras exteriores são Kriya, Upa e Yoga. Os três interiores são Maha, Anu e Ati.

Conhecimento transcendente *shes rab kyi pha rol tu phyin pa; prajnaparamita*
Inteligência que transcende o pensamento conceitual.

Conhecimento transcendente supremo *dondam shes rab kyi pha rol tu phyin pa; ultimate transcendent knowledge*
Ver conhecimento transcendente.

Consciência mental *yid kyi rnam par shes pa; mind consciousness*
Uma das oito consciências de acordo com o Abhidharma. É a função de discriminar e dar nome às coisas.

Consciência mental aflitiva *nyon yid kyi rnam shes; afflicted mind consciouness*
Termo usado nos ensinamentos Abhidharma. Uma das oito consciências que abriga o pensamento "eu sou", base para todas as emoções negativas. É também uma das oito classes de consciência.

Consciência pura culminante *rig pa tshad phebs; culminated awareness*
A terceira das quatro visões em Dzogchen

Consumação *thob pa; attainment*
A terceira das três experiências de aparecimento, crescimento e consumação.

Corpo de luz *'od kyi lus; body of light*
O corpo de luz das cinco sabedorias, destituído de materialidade.

Corpo de arco-íris *'ja' lus; rainbow body*
No momento da morte de um praticante que alcançou a extinção de todos os apegos e fixações por meio da prática Thögal do Dzogchen, os cinco elementos grosseiros que formam o corpo físico se dissolvem em suas essências de cinco luzes coloridas (as luzes naturais da natureza búdica). Às vezes, apenas o cabelo e as unhas são deixados para trás.

Corpo ilusório *sgyu lus; illusory body*
Uma das Seis Doutrinas de Naropa.

Corpo ilusório puro *dag pa sgyu lus; pure illusory body*
A forma de uma deidade.

Corpo incondicionado de luz *zag med 'od kyi lus; unconditioned body of light*
O mesmo que corpo de arco-íris.

Corpo superior *lus 'phags po; superior body*
O continente oriental.

Cortar *gcod; cutting*
Sinônimo de chöd.

Crescimento *mchedpa; increase*
A segunda das três experiências de aparecimento, crescimento e consumação.

Cultivando reinos puros *dag pa'i zhing sbyong ba; cultivating pure realms*
Prática relacionada com o yoga do sonho.

• **D**

Daka *dpa' bo*
Praticante masculino iluminado do vajrayana. Também pode ter níveis mais profundos de significado.

Dakini *mkha' 'gro ma*
Uma das três raízes. Seres espirituais que realizam as atividades iluminadas.

Dakinis de sabedoria *ye shes kyi mkha' 'gro ma; wisdom dakinis*
Seres femininos iluminados.

Dampa kunga *dam pa kun dga'*
O mestre indiano Phadampa Sangye, que trouxe os ensinamentos Shije para o Tibete.

Dar ao outro e tomar para si *gtong len, giving and taking*
A prática de bodicita de dar a virtude e felicidade aos outros e tomar para si seus sofrimentos e más ações.

Declarações e realização *lung rtogs; statements and realization*
As escrituras autorizadas e a realização do darma nas mentes dos seres nobres.

Essas são as duas qualidades do darma Precioso.

Deidades pacíficas do vajradhatu *zhi ba rdo rje dbyings kyi lha tshogs; peaceful deities of vajradhatu*
As 42 deidades pacíficas: Samantabhadra e Samantabhadri, os cinco budas masculinos e femininos, os oito bodisatvas masculinos e femininos, os seis munis e os quatro guardiões masculinos e femininos.

Desenvolvimento do mahayoga *bskyed pama ha yo ga; development mahayoga*
O primeiro dos três tantras interiores; enfatiza a estágio de desenvolvimento.

Desenvolvimento e completude *bskyed rdzogs; development and completion*
Os dois principais aspectos da prática vajrayana. Ao unir os meios (upaya) o estágio de desenvolvimento – o fabricado – com o conhecimento (prajna) do estágio de completude – o não fabricado –, o praticante tântrico rapidamente atinge a iluminação completa. No estágio de desenvolvimento, desenvolvemos a purificação e a habilidade de aproximação com os aspectos, qualidades e sabedoria de uma deidade Buda viva. Já no estágio de completude, treinamos no aspecto da essência da deidade.

Deus *lha, god*
Neste contexto, uma das seis classes de seres.

Dez bhumis *sa bcu; ten bhumis*
Os 10 níveis de Bodisatva. Ver *The Jewel Ornament of Liberation*, de Gampopa (Shambhala Publications, 1986).

Dez riquezas *'byor ba bcu; ten riches*
As cinco riquezas que dependem de outros são: que apareça um Buda, que ele ensine o darma, que os ensinamentos permaneçam, que tenha seguidores e professores com a generosidade de ensinar. As cinco riquezas que dependem de si próprio são: ser um ser humano, nascer em um país central, ter as faculdades físicas e mentais intactas, não ter um modo de vida pervertido e ter confiança nas três joias.

Dharmadhatu *chos kyi dbyings*
O "reino dos fenômenos", o mesmo que vacuidade. Neste contexto, *dharma*

significa a verdade, e *dhatu* significa espaço livre de centro ou periferia. Outra explicação é "a natureza dos fenômenos", que está além de surgimento, permanência e cessação.

Dharmakaya   *chos sku*
O primeiro dos três kayas.

Dharmakaya luminoso   *'od gsal chos kyi sku; luminous dharmakaya*
Ver dharmakaya.

Dharma-mudra   *chos kyi phyag rgya; dharma-mudra*
Um dos quatro mudras.

Dharma precioso   *chos dkon mchog; precious dharma*
A verdade apresentada na forma de escrituras e realização.

Dharmata   *chos nyid*
A natureza dos fenômenos.

Dharmata manifesto   *chos mngon nyid sum; manifest dharmata*
A primeira das quatro visões na prática Dzogchen.

Dois estágios profundos   *zab mo'i rim pa gnyis; two profound stages*
O estágio de desenvolvimento e o estágio de completude.

Dois estágios   *rim gnyis; two stages*
Os dois estágios profundos.

Dois kayas   *sku gnyis; two kayas*
darmakaya e rupakaya.

Doze elos da interdependência   *rten 'brelyan lag bcu gnyis; twelve links of interdependence*
Ignorância, propensões cármicas, consciência, nome e forma, as seis bases dos sentidos, contato, sentimento, desejo/anseio, apego, existência, renascimento, velhice e morte. Estes 12 elos são como um círculo vicioso ininterrupto, uma roda na qual todos os seres sencientes giram incenssantemente pelos reinos do samsara.

Duas acumulações *tshogs gnyis; two accumulations*
A acumulação de mérito e a acumulação de sabedoria.

Duas purezas *dag pa gnyis; twofold purity*
Há dois tipos de pureza: a pureza inerente ou primordial (*ngo bo ye dag*) e a pureza livre de máculas (*glo bur bral dag*) dos dois tipos de obscurecimentos – cognitivo e aflitivo.

Dzogchen *rdzogs pa chen po; rdzogs chen*
Grande Perfeição, ensinamentos que vão além dos veículos de causalidade. Foram primeiramente ensinados no mundo dos seres humanos pelo grande vidyadhara Garab Dorje.

Dzogchen Nyingthig, a essência do coração da grande perfeição.
Trata-se especificamente dos ensinamentos Dzogchen trazidos para o Tibete por Vimalamitra e Guru Rinpoche e posteriormente implantados por Longchenpa.

E •

Emancipação e onisciência *thar padang thams cad mkhyen pa; emancipation and omniscience*
A liberação do samsara e o estado búdico perfeito.

Energia *rlung; wind*
A energia é um elemento da tríade de canais, energias e essências. Tem a natureza dos cinco elementos e permeia completamente os canais energéticos. Há cinco energias que atuam como as raízes de todas as outras energias maiores e menores: a energia sustentadora-da-vida (*srog 'dzin gyi rlung*), a energia desobstruidora-descendente (*thur sel gyi rlung*) a energia acompanhante-do-fogo (*me mnyam gyi rlung*), a energia impulsora-ascendente (*gyen rgyu'i rlung*) e a energia todo-penetrante (*khyab byed kyi rlung*). A função de cada uma delas é: a energia sustentadora-da-vida reside no coração e é o suporte da vida; a energia acompanhante-do-fogo reside no estômago e produz calor; a energia todo-penetrante está presente em todo o corpo e é a fonte de força física; a energia impulsora-ascendente é de caráter masculino, permanece na

parte superior do corpo e torna possíveis as funções respiratórias; a energia desobstruidora-descendente é de caráter feminino, reside na parte inferior do corpo e provê as funções de andar, sentar, urinar e defecar. As três energias restantes são neutras e residem igualmente nas partes superiores e inferiores do corpo. (*Treasury of Precious Qualities, Book II, p. 161*)

Energia de sabedoria　*ye shes kyi rlung; wisdom wind*
A capacidade de manifestar a sabedoria inata.

Escola antiga das primeiras traduções　*snga 'gyur rnying ma*
Ver Escola Nyingma.

Escola Nyingma　*rnying ma; nyingma school*
Os ensinamentos trazidos para o Tibete e traduzidos principalmente durante o reinado do rei Trisong Detsen e no período seguinte até Rinchen Sangpo. Os dois principais tipos de ensinamentos são Kama e Terma.

Escolas novas e escola antiga　*gsar rnying; new and old schools*
As Novas Escolas são Kagyü, Sakya e Gelug. A Escola Antiga refere-se à Nyingma.

Escolas posteriores de tradução　*phyi 'gyur; later translation schools*
Sarma ou as Escolas Novas, formadas pelas escolas Kagyü, Sakya e Gelug.

Escolas sarma do mantra secreto　*gsang sngags gsar ma; sarmas schools of secret mantra*
Ver Escolas Novas.

Esfera preciosa　*rin po che'i sbubs; precious sphere*
O mesmo que "reinos preciosos de presença espontânea".

Ensinamentos profundos e vastos　*zab rgyas kyi chos; profound and extensive teachings*
O mesmo que Sutra e Mantra.

Espaço dissolvendo-se em luminosidade　*nam mkha' 'od gsal la thim pa; space dissolving in luminosity*
O ponto divisor entre o bardo da morte e o bardo de dharmata.

Essência luminosa do coração *'od gsal rdo rje snying po*
A Classe de Instruções do Dzogchen. *Ver* Apêndice.

Essência sugata *bde gshegs snying po; sugata-essence*
Outra palavra para natureza búdica, a essência iluminada inerente a todos os seres sencientes.

Estado de bardo *bar do'i srid pa; bardo state*
Em geral, este termo refere-se ao período entre a morte e o próximo renascimento, mas, neste contexto, significa "espaço" ou "período" entre duas coisas. Algumas vezes traduz-se como "estado intermediário".

Estágio de completude *rdzogs rim; completion stage*
Um dos dois principais aspectos da prática Vajrayana, apresenta-se em duas formas: com conceitos e sem conceitos. O estágio de completude com conceitos compreende as Seis Doutrinas de Naropa de acordo com as escolas Sarma, ou Anu Yoga do sistema Nyingma. O estágio de completude sem conceitos é Essência Mahamudra segundo a escola Sarma, ou Dzogchen do sistema Nyingma.

Estágio de desenvolvimento *bskyed rim; utpattikrama; development stage*
Um dos dois aspectos da prática vajrayana, que envolve um processo meditativo com a visualização de deidades, a fim de purificar as tendências habituais. *Ver* estágios de desenvolvimento e completude.

Estágios de desenvolvimento e completude *bskyed rdzogs kyi rim pa; stages of development and completion*
Os dois aspectos principais da prática vajrayana.

Estágios de dissolução *thim rim; dissolution stages*
Processo de dissolução física e mental pelo qual todos os seres sencientes passam em vários momentos, quando adormecem e até mesmo quando dão um espirro. Aqui esses estágios referem-se principalmente ao processo de morrer.

Eternalismo *rtag lta; eternalism*
Visão extremada de que o eu individual, os fenômenos objetivos e um deus criador existem como algo independente, eterno e singular.

Existência cíclica   'khor ba; samsara; cyclic existence
Samsara significa girar ou circular continuamente, como uma roda de oleiro, ou no aro de uma roda de água. A ideia é que os seres sencientes nascem e morrem incessantemente nos seis reinos do samsara: a morada de seres dos infernos, fantasmas famintos, animais, seres humanos, semideuses e deuses.

Existência e paz   zhi srid; existence and peace
Sinônimo de samsara e nirvana.

Existência intermediária   bar ma do'i pa srid; intermediate existence
Em geral, o período entre a morte e o próximo renascimento.

Experiência ampliada   nyams snang gong 'phel; increased experience
A segunda das quatro visões da prática Dzogchen.

Experiências confusas   'khrul snang; confused experiences
Todas as experiências das pessoas comuns que, mesmo sendo semelhantes a um sonho, são consideradas reais e sólidas.

Experiência de consumação   thob pa'i nyams; experience of attainment
O terceiro dos três estágios de aparecimento, crescimento e consumação; o mesmo que "negrume".

Experiência de crescimento   mched pa'i nyams; experience of increase
O segundo dos estágios de aparecimento, crescimento e consumação; o mesmo que "vermelhidão".

Experiência pessoal   rang snang; personal experience
Um exemplo disto é a experiência de sonho. Às vezes, este termo foi traduzido como "as próprias projeções da pessoa" ou "apresentações do eu".

Extinção dos fenômenos além de conceitos   chos zad blo 'das; exhaustion of phenomena beyond concepts
A quarta das quatro visões do Dzogchen.

Extinção de dharmata além de conceitos   chos zad blo 'das; dharmata exhaustion beyond concepts
A quarta das quatro visões em Dzogchen.

F ·

Face natural *rang zhal; natural face*
A natureza da mente.

Família karma *las kyi rigs; karma family*
Uma das cinco famílias.

Família ratna *rin chengyi rigs; ratna family*
Uma das cinco famílias de Budas.

Família vajra *rdo rje'i rigs; vajra family*
Uma das cinco famílias.

Forma humana livre e preciosa *dal 'byor gyi mi lus; free and well-favored human form*
A existência humana dotada de oito liberdades e 10 riquezas.

G ·

Garab dorje *dga 'rab rdo rje, Prahevajra/Pramoda Vajra*
O criador da linhagem Dzogchen, que recebeu a transmissão de Vajrasattva.

Gotsangpa *rgod tshang pa*
Um grande mestre da escola Drukpa Kagyü.

Grande ascenção superior *yar gyi zang thal po chen; great upper directness*
A realização da iluminação sem ter que percorrer os estados intermediários.

Grande compassivo *thugs rje chenpo; great compassionate one*
Avalokiteshvara.

Grande perfeição *rdzogs pa chen po, Mahasandhi/MahaAti*
O terceiro dos três tantras interiores; o mesmo que Dzogchen.

Grande selo *phyag rgya chenpo; Great Seal*
O mesmo que Mahamudra.

Grande veículo e veículo menor *theg pa che chung; greater and lesser vehicles*
Mahayana e Hinayana.

Guhyamantra *gsang sngags; guhyamantra*
Sinônimo de vajrayana ou ensinamentos tântricos. *Guhya* significa segredo, tanto sigilo como autodiscrição. *Mantra,* neste contexto, significa eminente, excelente ou louvável. Mesmo que Mantra Secreto.

Guru *bla ma; guru*
Professor espiritual, especialmente um mestre vajrayana.

Guru-raiz *rtsa we'i bla ma; root guru*
O guru-raiz geral é o mestre vajra de quem se recebe iniciação e a explicação dos ensinamentos tântricos. O guru-raiz específico é o mestre que introduz ao praticante a natureza da mente.

Guru Rinpoche *guru rin po che*
Essência de todos os Budas dos três tempos, soberano supremo de todos os poderosos vidyadharas, senhor todo-abrangente do oceano de yidams pacíficos e irados, chefe dos encontros de todos os dakas e dakinis, grande ser que, por seu esplendor, supera todos os protetores vajra do Dharma e as forças soberbas do reino fenomenal, em todos os reinos infinitos dos mestres dos três kayas é conhecido como Mahaguru Padmasambhava. Foi convidado pela encarnação de Manjushri, o rei Trisong Detsen, defensor do Dharma, para vir ao país das neves do Tibete, reino do nobre Grande Compassivo. Colocou todas as forças elementais malignas sob o selo majestoso de seu comando, erigiu o Templo Espontaneamente Perfeito e Imutável de três estilos, um palácio repleto de santuários, espalhando flores na consagração. Estabeleceu a grande tradição de exposição e prática de toda a doutrina de Buda, e, em particular, girou a infinita variedade das rodas do Dharma dos tantras, textos e instruções do Vajrayana. Visitou pessoalmente todos os lugares sagrados das montanhas nevadas, cavernas e lagos, onde abençoou e escondeu inúmeros tesouros, alguns já descobertos e outros ainda não revelados. Portanto, sua bondade incomensurável permeia toda a região do Tibete, tanto a central como as regiões vizinhas, e assim permanecerá até o último dos últimos dias do futuro. Samaya.

Gyalwa Yang Gonpa *rgyal ba yang dgon pa*
Um mestre da escola Drukpa Kagyü.

Gyübum *rgyud 'bum*
Os Cem Mil Tantras da Escola Nyingma.

H •

Heruka *he ru ka, khrag 'thung*
Neste contexto, as divindades masculinas iradas ou semi-iradas que aparecem no bardo do dharmata.

Heruka glorioso *dpal chen he ru ka; glorious heruka*
O Buda principal das 58 deidades iradas.

I •

Ignorância coemergente *lhan cig skyes pa'i ma rig pa; coemergent ignorance*
Coemergente significa "surgindo junto com", ou coexistente com a mente, como o sândalo e seu perfume. Ignorância aqui significa falta de conhecimento da natureza da mente.

Iluminação final *mthar thug gi byang chub; final enlightenment*
Estado búdico completo e perfeito.

Iniciação da sabedoria do conhecimento *shes rab ye shes kyi dbang; wisdom-knowledge empowerment*
A terceira das quatro iniciações.

Iniciação do vaso *bum pa'i dbang; vase empowerment*
A primeira das quatro iniciações.

Iniciação secreta *gsang ba'i dbang; secret empowerment*
A segunda das quatro iniciações.

Insuperável iluminação *bla na med pa'i byang chub; unexcelled enlightenment*
Estado búdico completo e perfeito.

Infalível interdependência de causa e efeito *bslu med rgyu 'bras kyi rten' brel; unfailind interdependence of cause and effect*
A lei da verdade relativa.

Instrução para relembrar *gsal 'debs; reminding-instruction*
Refere-se aqui à instrução que introduz o reconhecimento da natureza da mente e que é repetida por um praticante, seja um mestre ou um companheiro do caminho do Dharma, no momento da morte de uma pessoa.

Iogue *rnal 'byor pa; yogin*
Praticante tântrico masculino.

Ioguini *rnal 'byor ma*
(1) Praticante feminina. (2) Manifestação feminina aparecendo no bardo de dharmata.

• J

Jambudvipa *'dzam bu gling*
Região sul dos quatro continentes que cercam o Monte Sumeru. O termo geralmente se refere ao mundo que conhecemos.

Jampal shenyen *'bshes dpaljam gnyen*
Em sânscrito, Manjushrimitra, grande pandita indiano que se tornou o principal discípulo de Garab Dorje. De acordo com as escrituras históricas, Manjushrimitra foi um estudioso altamente respeitado na universidade budista de Nalanda, Índia. A fama de Garab Dorje como proponente de um novo sistema que transcendia causa e efeito (ou seja, os veículos causais) chegou até Nalanda e os panditas ficaram indignados. Não permitiram que tal herege desencaminhasse as pessoas e enviaram uma delegação para refutar Garab Dorje, que vivia no reino de Uddiya, a noroeste de Bodhgaya. Manjushrimitra confrontou Garab Dorje e tentou derrotá-lo em debate, mas não conseguiu. Assim, com

confiança nos ensinamentos que estão além de esforço, de causa e de efeito, Manjushrimitra sentiu intenso remorso por ter tentado derrotar a Grande Perfeição e queria cortar sua própria língua, a fim de evitar novos crimes. Garab Dorje leu sua mente e lhe disse: "Você poderá purificar seu obscurecimento se fizer com que os ensinamentos Dzogchen floresçam neste mundo de modo correto, mas não cortando a sua língua, mesmo que seja em milhares de pedaços." Manjushrimitra compôs então o tratado conhecido como *Gomnyam Drukpa*, "Seis Experiências de Meditação", e preservou o sistema da Grande Perfeição. Mais tarde, seu nível de realização tornou-se semelhante ao de Garab Dorje.

Jina *rgyalba; jina*
O Vitorioso, um Buda, aquele que venceu os quatro Maras.

Jnanasutra *ye shes mdo; jnanasutra*
Mestre indiano do início da linhagem Dzogchen que era discípulo de Shri Singha. Foi amigo próximo de Vimalamitra e, posteriormente, seu professor.

Jonangpa *jo nang pa*
Outro nome de Jetsun Taranatha.

Jordruk *sbyor drug*
Uma das Oito Carruagens da Linhagem Práxis. Literalmente, "Seis Uniões", segundo o sistema do Kalachakra.

K •

Kalachakra *dus kyi 'khor lo*
Um tantra e sistema do Vajrayana ensinado pelo Buda Shakyamuni e depois preservado no reino de Shambhala.

Kama *'bka ma*
A Linhagem Oral da Escola Nyingma, transmitida de mestre para discípulo, corpo de ensinamentos traduzido principalmente durante o período em que Guru Rinpoche viveu no Tibete.

Kangyur *bka' 'gyur*
Cânone budista composto de 108 volumes de escrituras, "Tradução das Palavras" do Buda Shakyamuni.

Karma *las;* **sans.** *karma*
Literalmente, karma significa "ação". Em um sentido geral, é a lei de causa e efeito, que determina que as ações positivas trazem felicidade e as negativas produzem sofrimento. É somente por meio da realização da não substancialidade do eu e da vacuidade que a pessoa transcende o karma da existência cíclica, todas as atividades se tornam "imaculadas" e resultam na manifestação de nirmanakayas para o benefício dos seres.

Karma-mudra *las kyi phyag rgya*
Um dos quatro mudras.

Karmas e kleshas *las dang nyon mongs pa; karma and kleshas*
Ambos constituem a verdade da origem do sofrimento, a segunda das Quatro Nobres Verdades.

Kaya *sku*
Kaya literalmente quer dizer "corpo" no sentido de "corporificação de inúmeras qualidades". Assim, dharmakaya, por exemplo, é o "corpo" de todas as "qualidades" da sabedoria iluminada, tais como os 10 poderes e os quatro tipos de destemor.

Kayas e sabedorias *skudang ye shes; kayas and wisdoms*
Os quatro kayas e as cinco sabedorias.

Khachö *mkha' spyod; khachö*
A realização de ser capaz de ir para um reino celestial. Também pode se referir ao reino puro de Vajra Yogini.

Kleshas dos cinco venenos *dug lnga'i nyon mongs pa; kleshas of the five poisons*
Ver cinco venenos.

Kleshas *nyon mongs pa; kleshas*
Emoções perturbadoras ou aflitivas. *Ver* cinco venenos.

Kriya *bya ba [rgyud]*
O primeiro dos três tantras exteriores.

Kriya, charya and yoga tantras *bya rgyud, spyod rgyud, rnal 'byor rgyud*
Dentre os nove veículos, esses formam os três tantras exteriores.

Kyotön Sönam Lama *skyo ston bsod nams bla ma*
Mestre-raiz de Machik Labdrön.

L •

Lamdre *lam 'bras*
Caminho e Realização/Resultado. O principal ensinamento da Escola Sakya.

Liberação *thar pa; liberation*
Emancipação do samsara.

Liberação e onisciência *thar padang thams cad mkhyen pa; liberation and omniscience*
Refere-se à liberação da existência samsárica e ao estado de completa iluminação.

Linhagem curta dos termas *nye brgyud gter ma; short lineage of terma*
Termas são tesouros do Dharma escondidos principalmente por Guru Rinpoche para serem descobertos no futuro por um tertön, ou revelador de tesouros.

Linhagem de audição *nyan brgyud; hearing lineage*
A linhagem de ensinamentos orais de mestre para discípulo.

Linhagem práxis *sgrub brgyud; practice lineage*
A linhagem de mestres na qual a ênfase é a própria experiência pessoal dos ensinamentos, em oposição à linhagem de erudição da transmissão das escrituras (*bshad brgyud*). *Ver* Oito Carruagens da Linhagem Práxis.

Linhagem kama longa *ring brgyud bka' ma; long lineage of kama*
Ver Kama.

Linhagem oral *'bka ma; oral lineage*
Ver Kama.

Linhagens dos tesouros *gter brgyud; treasure lineages*
A transmissão de ensinamentos que foram escondidos como tesouros para serem descobertos por um tertön, ou revelador de tesouros, para o benefício das gerações futuras.

Lojong *blo sbyong*
Treinamento da mente; sistema de meditação mahayana da antiga Escola Kadampa, que foi trazido para o Tibete por Atisha Dipamkara.

Longchenpa *klong chen pa*
Grande mestre e escritor Nyingma.

Luminosidade *'od gsal; luminosity*
Literalmente, "livre da escuridão do desconhecido e dotado da capacidade de conhecer". Existem dois aspectos: "luminosidade vazia" como um céu aberto e claro, e "luminosidade aparente", como luzes de cinco cores, imagens, e assim por diante. À medida que o praticante avança pelos vários caminhos e níveis de realização, torna-se cada mais refinada a maneira pela qual a sabedoria luminosa percebe seu objeto e realidade.

Luminosidade aparente *snang ba'i 'od gsal; apparent luminosity*
A luminosidade do aspecto manifesto. Compare com *luminosidade vazia*.

Luminosidade básica *'gzhi'i od gsal; ground luminosity*
Sinônimo de luminosidade mãe.

Luminosidade básica do primeiro bardo *bar do dang po gzhi'i 'od gsal; ground luminosity of the first bardo*
Sinônimo de luminosidade mãe.

Luminosidade dharmakaya da pureza primordial *ka dag chos sku'i 'od gsal; dharmakaya luminosity of primordial purity*
Denominação Dzogchen para a nossa essência iluminada em seu estado desnudo.

Luminosidade dissolvendo-se em união *'od gsal zung' jug la thim pa; luminosity dissolving into union*
Uma das etapas de dissolução durante o bardo de dharmata.

Luminosidade do aparecimento *snang ba'i 'od gsal; luminosity of appearance*
A primeira das três etapas de aparecimento, crescimento e consumação.

Luminosidade do primeiro bardo *bar do dang po'i 'od gsal; luminosity of the first bardo*
O mesmo que *luminosidade mãe*.

Luminosidade filho *bu'i 'od gsal, child luminosity*
A experiência de luminosidade cultivada em meditação durante a vida, enquanto o meditador está no caminho. *Ver* luminosidade mãe.

Luminosidade mãe *ma'i 'od gsal; mother luminosity*
A luminosidade básica do estado natural, inerente como a essência iluminada de todos os seres sencientes.

Luminosidade não aparente *snag med 'od gsal*
A luminosidade do dharmakaya ou luminosidade vazia.

Luminosidade shambhogakaya *longs sku'i 'od gsal; sambhogakaya luminosity*
A luminosidade durante o bardo de dharmata.

Luminosidade vazia *stong pa'i 'od gsal; empty luminosity*
O aspecto não manifesto da luminosidade.

Lung anu yoga *lung anu yoga*
O segundo dos três tantras interiores, que enfatiza o estágio de completude.

M •

Machik Labdrön *ma gcig lab sgron*
Grande mestra que estabeleceu a prática de Chöd.

Madhyamika *dbu ma; madhyamika*
Caminho do Meio. A mais elevada escola filosófica do Mahayana.

Maha *[rnal 'byor] chen po; maha*
O primeiro dos três tantras interiores. A ênfase deste tantra é a mandala-de-Buda como o aspecto puro de si mesmo, as pessoas e o meio ambiente. A prática principal é o estágio de desenvolvimento.

Maha Ati *rdzogs chen; maha ati*
O terceiro dos três tantras interiores; na maioria das vezes é sinônimo de Dzogchen.

Mahamudra *phyag rgya chen po; mahamudra*
Sistema de ensinamentos que trata da visão básica da prática vajrayana de acordo com as escolas Sarma.

Mandala *dkyil 'khor; mandala*
Literalmente, "centro e periferia circundante", mas o termo deve ser entendido de acordo com o contexto. Em geral, traz uma deidade juntamente com o ambiente que a cerca.

Mandalas dos jinas *rgyal ba'i dkyil 'khor; jina mandala*
As mandalas dos cinco budas.

Manifestação do dharmakaya *chos sku'i snang ba*

Manifestações luminosas de presença espontânea *lhun grub 'od gsal gyi snang ba; luminosity manifestations of spontaneous presence*
Manifestações durante o bardo de dharmata.

Manjushrimitra *jam dpal bshes gnyen*
Mestre indiano da linhagem Dzogchen e discípulo de Garab Dorje. Mesmo que Jampal Shenyen.

Mantra secreto *sngags gsang; guhyamantra*
O mesmo que Vajrayana. *Ver* Guhyamantra.

Mantra secreto do grande veículo *theg pa chen po'i gsang sngags; secret mantra of the greater vehicle*
O Vajrayana, quando é considerado parte do Mahayana.

Mantras dharani *gzungs sngags; dharani mantras*
Mantras longos, usados para diversos fins.

Mantrayana *sngags kyi theg pa; mantrayana*
Mantra secreto ou Vajrayana.

Mantrika *sngags pa; mantrika*
Um praticante do Vajrayana.

Marcas e sinais *mtshan dpe*
As 32 grandes marcas e as 80 marcas menores da excelência de um Buda perfeito.

Marpa *mar pa*
Grande mestre tibetano e discípulo de Naropa que trouxe os ensinamentos Mahamudra e as Seis Doutrinas para o Tibete. Ver *The Life of Marpa, the Translator* (Shambhala Publications, 1982).

Melong Dorje *me long rdo rje*
Grande mestre tibetano da Linhagem Oral da Escola Nyingma.

Meio *dbu ma*
Madhyamika.

Mente-prana *rlung sems; prana-mind*
ou a energia [condutora] da mente. Prana é a palavra sânscrita que designa sopro vital, vitalidade, energia. Neste contexto, refere-se à energia mental, aos ventos ou energias internas que direcionam nossa mente a operar a partir de um determinado padrão. Nesse caso, *prana* é a "energia do karma", e *mente* é a consciência dualista de um ser não iluminado.

Mestre vajra *rdo rje slob dpon; vajra master*
Mestre tântrico que é versado nos rituais e significado do Vajrayana. O mestre de quem se recebe ensinamentos tântricos.

Milarepa *mi la ras pa*
Grande mestre tibetano e discípulo principal de Marpa. *Ver The Life of Milarepa* (Shambhala Publications, 1977).

Monte do lótus *pad ma brtsegs pa; lotus mound*
O reino puro do Buda Amitabha.

• N

Nadi *rtsa; nadi*
Os canais no corpo vajra através do qual fluem as energias (prana)

Nagarjuna *klu grub*
Mestre indiano de filosofia. *Ver* Acharya Nagarjuna.

Nagi Gompa *na gi dgon pa; nagi gompa*
Monastério próximo a Catmandu, onde Tulku Urgyen Rinpoche viveu.

Namjang *rnam byang*
"Perfeição completa". Neste contexto, o termo refere-se especificamente à luz natural da essência iluminada da mente.

Namo guru *bla ma Ia phyag 'tshallo; namo guru*
Homenagem ao mestre!

Naropa *na ro pa*
Principal discípulo de Tilopa e guru de Marpa da Linhagem Kagyü.

Negrume *nag lam; blackness*
Uma experiência de total escuridão, o terceiro estágio de aparecimento, crescimento e consumação.

Niilismo *chad lta; nihilism*
Literalmente, "a visão de descontinuidade", visão extremada da inexistência, ou seja, de que não há renascimento ou efeitos cármicos e que não existe uma mente após a morte.

Nirmanakaya *sprul pa'i sku*
"Corpo de emanação". O terceiro dos três kayas.

Nirmanakaya natural *rang bzhin spru sku; natural nirmanakaya*
Os reinos nirmanakaya puros manifestados pelos Budas das cinco famílias, tal como o reino de Sukhavati.

Nirvana *mya ngan las 'das pa*
O nirvana inferior refere-se à libertação da existência cíclica que o praticante do hinayana alcança. Quando se refere a um Buda, nirvana é o grande estado não permanente da iluminação, que não entra nem no extremo da existência samsárica, nem no estado passivo da cessação, que é atingido por um arhant.

Nível de onisciência *thams cad mkhyen pa; level of omniscience*
Estado búdico completo.

Nível unificado de vajradhara *zung 'jug rdo rje' chang gi ir 'phang; unified level of vajradhara*
Sinônimo de estado de iluminação completa.

Nível vidhyadhara de presença espontânea *lhun grub rig 'dzin gyi sa; vidyadhara level of spontaneous presence*
Uma das etapas durante o bardo do dharmata.

Nobres *'phags pa*
Ver seres nobres e comuns.

Nós dos nadis *rtsa mdud; nadi-knots*
Termo simbólico para as impurezas dos canais do corpo vajra, impedindo o livre fluxo dos pranas.

Nyang ben tingdzin sangpo *nyang dben ting 'dzin bzang po*
Discípulo próximo de Vimalamitra e Guru Rinpoche. Renasceu posteriormente como o grande tertön Jatson Nyingpo, professor de Tsele Natsök Rangdrol.

Nyime namgyal *gnyis med rnam rgyal*
Uma escritura tântrica.

O

Objetos de refúgio *skyabs yul*
As três joias, as três raízes e os três kayas.

Obscurecimento do conhecimento conceitual *shes bya'i sgrib pa; obscuration of conceptual knowledge*
O obscurecimento sutil de sustentar os conceitos de sujeito, objeto e ação.

Oferenda de celebração *tshogs kyi 'khor lo, tshogs kyi mchod pa;* sansc. *ganachakra;* ingl. *feast offering*
Ritual tântrico ligado à prática da sadhana de uma das três raízes: guru, yidam ou dakini. Celebração, literalmente, quer dizer "reunião"– o encontro dos iluminados convocados, dos praticantes, dos objetos da celebração e das duas acumulações de mérito e sabedoria.

Oitenta classes de pensamentos inerentes *rang bzhin brgyad cu'i rtog pa; eighty inherent thought states*
Trinta e três pensamentos resultantes da raiva, 40 resultantes do desejo e sete da ilusão. *Ver* lista incluída no texto.

Oito bodisatvas *byang chub sems dpa 'brgyad; eight bodhisattvas*
Ver Oito bodisatvas principais.

Oito bodisatvas femininos *byang chub sems ma brgyad; eight female bodhisattvas*
Lasya, Mala, Gita, Nirti, Pushpa, Dhupa, Aloka e Gandha.

Oito bodisatvas principais *nye ba'i srasbrgyad; eight main bodhisattvas*
Kshitigarbha, Akashagarbha, Avalokiteshvara, Vajrapani, Maitreya, Sarvanirvarana-vishkambin, Samantabhadra e Manjushri.

Oito consciências *rnam shes tshogs brgyad; eight consciousness*
A consciência básica, a consciência mental, a consciência mental aflitiva e as cinco consciências dos sentidos.

Oito liberdades *dal babrgyad; eight freedoms*
Não viver nos três reinos inferiores, não ser um deus de longa vida, não ter visões errôneas, não ser inculto, não ser mudo e não nascer em uma época em que não haja Budas.

Oito grandes carruagens da Linhagem Práxis *sgrub brgyud shing rta chen mo brgyad; eight practices lineages*
As oito escolas independentes do budismo que floresceram no Tibete: Nyingma, Kadampa, Marpa Kagyü, Shangpa Kagyü, Sakya, Jordruk, Shije e Chöd.

Oito objetos *yul brgyad*
Os objetos das oito consciências: visão, som, cheiro, sabor, tato, objetos mentais, a base-de-tudo e aparecimentos.

Oito portas para o samsara *'khor ba'i sgobrgyad; eight doors to samsara*
As oito aberturas do corpo de uma pessoa, sem contar a abertura no topo da cabeça.

Oito preocupações mundanas *'jig rten chos brgyad*
Apego a ganhos, prazer, louvor e fama; e aversão a perdas, dor, má reputação e culpa.

Oito siddhis *dgnosgrub brgyad; eight siddhis*
Os oito tipos de realizações mundanas ou comuns.

Oito siddhis comuns *thun mong gi dngos grub brgyad; eight common siddhis*
Oito tipos de poderes milagrosos mundanos.

Onisciência *mkhyen rnam, thams cad mkhyen pa; omniscience*
Iluminação completa ou estado búdico.

Orgyen *o rgyan*
O mesmo que Guru Rinpoche.

Orgyen Rinpoche *o rgyan rin po che*
O mesmo que Guru Rinpoche.

P

Pacificação *zhi byed*
Ver Shije.

Pacíficos e irados *zhi khro; peaceful and wrathful ones*
As 42 deidades pacíficas e as 58 deidades iradas.

Padma *pad ma*
O mesmo que Guru Rinpoche.

Padmakara *pad ma 'byung gnas*
"Nascido do Lótus", o mesmo que Guru Rinpoche.

Pandita *mkhas pa*
Um mestre ou erudito.

País das neves *gangs can gyi yul; land of snow*
Tibete.

Phadampa *pha dam pa*
O mahasiddha indiano que trouxe os ensinamentos shije (*zhi byed*) para o Tibete.

Phowa *'pho ba*
Ejeção da consciência para um campo búdico no momento da morte.

Phowa do reino celestial *mkha' spyod 'pho ba; phowa of the celestial realm*
Um tipo de phowa.

Porta do Dharma *chos kyi sgo mo; dharma-door*
Ensinamento específico, cuja prática é a entrada para o caminho da iluminação.

Prahevajra *dga 'rab rdo rje*
O receptor humano dos ensinamentos Maha Ati. *Ver* Garab Dorje.

Prajnaparamita *shes rab kyi pha rol tu phyin pa; prajnaparamita*
"Conhecimento transcendente", ensinamentos Mahayana do insight sobre a vacuidade.

Prana *rlung; prana*
Os "ventos" ou correntes de energia do corpo vajra.

Pratimoksha *so sothar pa*
"Liberação individual", sete conjuntos de preceitos para ordenados e leigos de acordo com o Vinaya.

Pratyekabuddha *rang sangs rgyas*
Uma pessoa que tenha atingido a perfeição no segundo veículo do Hinayana.

Preciosas *dkon mchog; precious ones*
As três joias.

Preliminares especiais *thun min gyi sngon 'gro; special preliminares*
Refúgio, bodicitta, mantra de Vajrasattva, oferenda de mandala e guru yoga.

Preliminares gerais *thun mong gi sngon 'gro; general preliminaries*
Os quatro pensamentos que transformam a mente; por meio desses ensinamentos a mente se volta para a prática do Dharma.

Presença espontânea *lhun drub, spontaneous presence*
A base natural da mente é dotada de três aspectos – essência, natureza e energia dinâmica. O segundo aspecto, natureza, é o que se refere aqui com a palavra composta "presença espontânea".

Primeira luminosidade *dang po'i 'od gsal; first luminosity*
A luminosidade básica de pureza primordial.

Primeiras traduções *sngar 'gyur; early translations*
Ensinamentos traduzidos para o tibetano, anteriores ao grande tradutor Rinchen Sangpo, durante os reinados dos reis tibetanos Trisong Deutsen e Ralpachen nos séculos IX e X.

Primeiro bardo *bar do dang po; first bardo*
Em geral, refere-se ao momento de "luminosidade básica".

Propagação incial dos ensinamentos *bstan pa snga dar; early spread of the teachings*

Ver Primeiras Traduções.

Protetor primordial *mdod ma'i mgon po; primordial protector*
O Adibuddha originalmente iluminado, Samantabhadra.

Pureza primordial *ka dag; primordial purity*
A natureza básica dos seres sencientes, originalmente não maculada por corrupções, estando além das confusões e da liberação.

Pureza que tudo abrange *dag pa rab 'byams; all-encompassing purity*
Todos os componentes da nossa existência, skandhas e elementos do mundo e de todos os seres são, em seus aspectos puros, um reino puro que consiste de cinco Budas masculinos e femininos. Desse modo, quando ocorre a percepção das coisas tal como são, não há nem mesmo uma partícula de impureza possível de se encontrar em lugar algum. Esta é a visão básica do Tantra Anuttara das Novas Escolas e dos Três Tantras Interiores da Escola Antiga. Para mais informações, consulte *phyogs bcu mun sel,* de Longchen Rabjam, recentemente traduzido por Gyurme Dorje.

Pureza todo-abrangente de aparecimentos e existência *snangsrid dag pa rab 'byams; all-encompassing purity of appearance and existence*
Termo usado especialmente nos ensinamentos dos Tantras Maha, Anu e Ati.

Purificação *sbyong bas*
As bases-de-purificação são as etapas morte, bardo e renascimento quando vivenciadas independentemente da escolha e do resultado das ações passadas da pessoa. As vias de purificação são os três kayas, e as realizações do dharmakaya, sambhogakaya e nirmanakaya são os resultados puros do processo.

• Q

Quarta iniciação *dbang bzhi pa; fourth empowerment*
Também conhecida como a "iniciação da preciosa palavra" (*tshig dbang rin po che*). *Ver* Quatro Iniciações.

Quatro atividades *las bzhi; four activities*
Pacificar, expandir, magnetizar e subjugar.

Quatro continentes *bzhi gling; four continents*
Os quatro continentes estão situados ao redor do Monte Sumeru: Corpo Sublime (*lu 'phags po*); Jambudvipa (*'dzam bu gling*) ou "continente do jambo-rosa"; Rico em Gado (*ba lang spyod*) e Som Desagradável (*sgra mi snyan*). Os seres humanos vivem em todos os quatro continentes, mas, no de Som Desagradável eles não conseguem praticar o Budadharma. Ver *Myriad Worlds*, de Jamgon Kongtrul Lodrö Taye, (Snow Lion Publications, 1995).

Quatro incomensuráveis *tshad med bzhi; four immesurables*
Compaixão, amor, alegria e equanimidade.

Quatro iniciações *dbang bzhi; quatro iniciações*
A iniciação do vaso, a iniciação secreta, a iniciação do conhecimento da sabedoria e a iniciação da preciosa palavra, segundo o Anuttara Tantra das escolas Sarma, ou os Três Tantras Interiores do sistema Nyingma. O propósito de receber essas iniciações é "amadurecer", a fim de ser autorizado a exercer os quatro aspectos dos caminhos Vajrayana:

(1) Ao receber a iniciação do vaso, o praticante está autorizado a exercer o estágio de desenvolvimento, união de aparecimento e vacuidade, de acordo com os ensinamentos do Tantra Mahayoga. (2) Ao receber a iniciação secreta, o praticante está autorizado a aplicar o estágio de completude com conceitos, o caminho profundo, que é a unidade de clareza e vacuidade conectado com o "portão superior" do Tantra Anuyoga; (3) Ao receber a iniciação do conhecimento da sabedoria, o praticante está autorizado a aplicar o estágio de completude sem conceitos, o caminho phonya, que é a união de bem-aventurança e vacuidade ligada ao "portão inferior" do Tantra Anuyoga; (4) Ao receber a iniciação da preciosa palavra, o praticante está autorizado a aplicar a Grande Perfeição, que é a união de consciência pura e vacuidade conectada ao Tantra Ati Yoga. Guru Rinpoche disse em seu *Lamrim Yeshe Nyingpo*:

A iniciação do vaso, que purifica o corpo e os nadis,
É a semente do corpo vajra e do nirmanakaya.

A iniciação secreta, que purifica a fala e os pranas,
É a semente da fala vajra e do samboghyakaya.
A iniciação phonya, que purifica a mente e os bindus,
É a semente da mente vajra e do dharmakaya.
A iniciação suprema, que purifica padrões habituais e a base-de-tudo,
É a semente da sabedoria vajra e do svabhavikakaya.

Quatro kayas *sku bzhi; four kayas*
Os três kayas acrescido do svabhavikakaya.

Quatro maras *bdud bzhi; four maras*
Senhor da Morte, Filho Celestial, Klesha e Skandha.

Quatro maneiras de magnetizar *bsdu ba'i dngos po bzhi; four means of magnetizing*
Ser generoso, falar palavras amáveis, dar ensinamentos apropriados e manter consistência entre palavras e ações.

Quatro mudras *phyag rgya bzhi; four mudras*
Quatro aspectos da prática tântrica: o mudra da atividade iluminada (karma-mudra), o mudra do compromisso com a mente iluminada (samaya-mudra), o mudra do Dharma da fala iluminada (dharma-mudra) e grande selo da forma iluminada (mahamudra).

Quatro níveis de vidyadharas *rig 'dzin rnam pa bzhi'i go 'phang; four vidhyadhara levels*
Ver Quatro vidyadharas.

Quatro pensamentos que transformam a mente *blo ldog rnam bzhi; four mind-changings*
(1) As liberdades e riquezas tão difíceis de encontrar da preciosa vida humana. (2) Impermanência e a morte. (3) Karma, lei de causa e efeito. (4) Os defeitos de samsara. Refletir sobre estes quatro temas da vida faz com que a pessoa transforme sua mente para que ela se volte à prática do darma.

Quatro sessões *thun bzhi; four sessions*
Ao alvorecer, de manhã, à tarde e à noite.

Quatro vidyadharas *rig 'dzin bzhi; four vidyadharas*
Os quatro detentores do conhecimento, mestres das quatro etapas do caminho tântrico mahayoga. Os quatro níveis vidyadhara são: totalmente amadurecido, domínio sobre a vida, grande selo e espontaneamente realizado (*rnam smin, tshe dbang, phyag chen, lhun grub*). O Mahayoga é equivalente aos 10 bhumis do bodisatva.

Quatro visões *snang ba bzhi; four visions*
Quatro estágios da prática Dzogchen: dharmata manifesto, experiência crescente, consciência pura chegando à plenitude e extinção de conceitos e fenômenos. O Maha Ati (Dzogchen) é equivalente aos 10 bhumis do bodisatva.

R •

Ratnasambhava *rin chen 'byung gnas; ratnasambhava*
Um dos Budas das cinco famílias.

Realização *tib.: dngos grub; sansc.: siddhis, ing.: accomplishments*
Ver siddhis supremos e comuns.

Realização da unidade *zung 'jug gi 'bras bu; fruition of unity*
Iluminação completa, nível unificado de um detentor vajra. Unidade refere-se à união de meios hábeis e conhecimento, aparecimento e vacuidade, ou espaço e consciência. De acordo com Jamyang Khyentse Wangpo, unidade refere-se ao estado unificado dos kayas e sabedorias, em que "kaya" é a vacuidade dotada com o mais supremo de todos os aspectos, e "sabedoria" é a mente de grande e imutável bem-aventurança.

Reconhecimento *ngo shes, ngo 'phrod; recognition*
Neste contexto, o reconhecimento da natureza da mente. *Ver* Discurso Introdutório de Tulku Urgyen Rinpoche.

Recordação perfeita *mi brjed gzungs pa'i; perfect recall*

Uma memória perfeita, a essência da não distração.

Refúgio *skyabs 'gro; refuge*
Colocar a nossa confiança nas três joias preciosas.

Reino de Akanishta *'og min gyi zhing; akanishta realm*
O mais elevado reino búdico.

Reino de bem-aventurança *bde ba can; Sukhavati; blissful realm*
A terra pura de Buda Amitabha.

Reino do nirmanakaya natural *rang bzhin sprulpa sku'i zhing; natural nirmanakaya realm*
Os reinos emanados dos cinco budas.

Reino esplendoroso *dpal dang ldan pa; splendorous realm*
O campo búdico de Ratnasambhava.

Reinos preciosos de presença espontânea *lhun grub rin po che'i zhing; precios realms of spontaneous presence*
Uma das últimas experiências no bardo de dharmata.

Representações de corpo, fala e mente *sku gsung thugs rten; representationa of body, speech and mind*
Refere-se, por exemplo, a estátuas, escrituras e stupas.

Roda dos doze elos da interdependência *rten 'brel yan lag bcu gnyis kyi 'khor lo; wheel of the twelve links of interdependence*

Rodas dos nadis *rtsa 'khor; nadi-wheel*
Refere-se em geral às quatro ou cinco "rodas" ou chakras do corpo.

Rupakaya *gzugs sku*
O "corpo da forma" composto por sambhogakaya e nirmanakaya.

Rupakaya da presença espontânea *lhun grub kyi gzugs sku; rupakaya of spontaneous presence*
A manifestação do bardo de dharmata.

S •

Sabedoria coemergente *lhan cig skyes pa'i ye shes; coemergent wisdom*
O despertar inato potencialmente presente em todos os seres sencientes.

Sabedoria coemergente incondicionada *zag med lhan cig skyes pa'i ye shes; unconditioned coemergent wisdom*
Ver sabedoria coemergente.

Sabedoria da igualdade *mnyam nyid ye shes; wisdom of equality*
Uma das cinco sabedorias.

Sabedoria dharmadhatu *chos kyi dbyings kyi ye shes; dharmadhatu wisdom*
Uma das cinco sabedorias.

Sabedoria discriminativa *so sor rtog pa'i ye shes; discriminating wisdom*
Uma das cinco sabedorias.

Sabedoria dissolvendo-se no (nível) vidyadhara de presença espontânea
ye shes lhun grub rig 'dzin la thim pa; wisdom dissolving into the vidhyadhara (level) of spontaneous presence
Uma das últimas experiências durante o bardo de dharmata.

Sabedoria que é como um espelho *me longs lta bu'i ye shes, mirrorlike wisdom*
Uma das cinco sabedorias.

Sabedoria que tudo realiza *bya grub ye shes; all-accomplishing wisdom*
Uma das cinco sabedorias.

Sadhana *sgrub thabs; sadhana*
Liturgia tântrica e procedimentos para a prática, geralmente enfatizando o estágio de desenvolvimento.

Samantabhadra *kun tu bzang po*
O Buda primordial dharmakaya.

Samantabhadri *kun tu bzang mo*
A consorte de Samantabhadra.

Samaya *dam tshig; samaya*
O compromisso ou comprometimento sagrado com a prática Vajrayana. Há muitos detalhes, mas, essencialmente, os samayas consistem em, externamente, manter uma relação harmoniosa com o mestre vajra e os companheiros do Dharma e, interiormente, não se afastar da continuidade da prática.

Samaya-mudra *dam tshig gi phyag rgya*
Um dos quatro mudras. *Ver* Quatro Mudras.

Samayas tântricos dos vidyadharas *rig 'dzin sngags kyi dam tshig; tantric samayas of the vidyadharas*
Os comprometimentos de um praticante Vajrayana. *Ver* samaya.

Sambhogakaya *longs spyod rdzogs pa'i sku*
O "corpo de riqueza perfeita", um dos três, quatro ou cinco kayas. O sambhogakaya deve ser entendido em termos de base, caminho e resultado. O sambhogakaya da base é a capacidade inata da mente de conhecer. O sambhogakaya do caminho é a natureza luminosa da bem-aventurança, da clareza e do não pensamento. O sambhogakaya do resultado é definido como as cinco perfeições: (1) o professor perfeito é o Buda perfeitamente iluminado adornado por um corpo de arco-íris com as 32 grandes marcas e as 80 marcas menores de excelência; (2) o séquito perfeito é os bodisatvas nos 10 estágios; (3) o local perfeito é os reinos puros das cinco famílias; (4) o ensino perfeito é o Mahayana e o Vajrayana; (5) o tempo ideal é o "círculo perpétuo de continuidade".

Samsara *'khor ba*
Existência cíclica.

Sangha preciosa *dge 'dun dkon mchog; precious sangha*
Praticantes nobres e realizados dotados que possuem as virtudes do conhecimento e da liberação.

Sarma *gsar ma*
Ver Escolas Novas.

Seis classes de seres *'gro barigsdrug; six classes of beings*
Deuses, semideuses, seres humanos, animais, fantasmas famintos e seres dos infernos.

Seis classes de tantras *rgyud sde drug; six tantra sections*
Os três tantras exteriores: Kriya, Charya e Yoga; e os três tantras interiores: Maha, Anu, e Ati.

Seis doutrinas *chos drug; six doctrines*
Tummo, corpo ilusório, sonho, luminosidade, bardo e phowa.

Seis lamparinas *sgron ma drug; six lamps*
Um termo-chave da prática Thögal – Ligado ao Ciclo Secreto Ínsuperável da Grande Perfeição.

Seis milhões de tantras *rgyud 'bum phrag drug cu; six million tantras*
Os tantras Dzogchen que Garab Dorje recebeu de Vajrasattva.

Seis paramitas *phar phyin drug; six paramitas*
As seis ações transcendentes de generosidade, disciplina, paciência, diligência, concentração e conhecimento discriminativo.

Seis recordações *rjes dran drug; six recollections*
Existem diferentes listas, das quais a mais adequada é a seguinte: recordação da deidade do yidam, do caminho, do lugar de renascimento, do estado meditativo, das instruções orais do professor e da visão.

Seis reinos *gnas ris drug; six realms*
Os reinos das seis classes de seres.

Seis sílabas *yi ge drug pa; six syllables*
O mantra de Avalokiteshvara: OM MANI PADME HUNG.

Seis uniões *sbyor drug; six unions*
Ver Jordruk.

Semideus *lha ma yin; demigod*
Uma das seis classes de seres.

Senhor da morte *gshin rje; lord of death*
Personificação da impermanência e da infalível lei de causa e efeito.

Senhor nagarjuna *mgon po klu grub; lord nagarjuna*
Ver Acharya Nagarjuna.

Siddhis comuns e supremos *thun mong dang mchog gi dngos grub; common and supreme siddhis*
Em geral, este termo refere-se aos oito siddhis comuns e ao siddhi supremo do Mahamudra.

Seres nobres e seres comuns *'phagspadang so so skye bo; noble and ordinary beings*
Seres "nobres" ou "sublimes" são os grandes mestres, os bodisatvas ou os arhats que atingiram o caminho da visão, o terceiro dos cinco caminhos. Seres comuns são todos os outros antes de chegar ao caminho da visão.

Sete aspectos da união *kha sbyor yan lag bdun; seven aspects of union*
As sete qualidades de um Buda sambhogakaya: completo deleite, união, grande bem-aventurança, ausência de natureza própria, presença de compaixão, ser ininterrupto e incessante.

Sete tipos de votos do pratimoksha *so so thar pa'i ris bdun; seven kinds of vows of the pratimoksha*
Sete conjuntos de votos para monges e monjas ordenados, noviços e leigos.

Shakyamuni *sha kya thub pa*
Buda Shakyamuni, o Buda histórico.

Shamatha *zhi gnas*
Calmo permanecer, a prática de meditação de acalmar a mente para que ela repouse livre da perturbação da atividade do pensamento. Para mais detalhes, ver *Mahamudra*, de Dakpo Tashi Namgyal (Shambhala Publications, 1986).

Shije *zhi byed*
Pacificação, uma das oito Linhagens Práxis levadas ao Tibete por Phadampa Sangye.

Sharavaka *nyan thos*
Seguidor do veículo do Hinayana.

Shri Singha, mestre da linhagem Dzogchen e guru-raiz de Guru Rinpoche.
Shri Singha atingiu a realização completa dos ensinamentos Dzogchen e, junto com Guru Rinpoche, foram os dois únicos mestres que atingiram plenamente a "iniciação da manifestação da consciência pura" por meio da qual poderiam transformar o mundo fenomenal em qualquer forma que desejassem.

Siddha *grub thob*
Um mestre realizado.

Siddhis *dngos grub*
As realizações supremas e comuns. O siddhi supremo é a realização da iluminação completa. Os siddhis comuns são geralmente os oito tipos de poderes milagrosos.

Siddhi supremo *mchog gi dngos grub; supreme siddhi*
O estado da completa iluminação.

Siddhis supremos e comuns *mchog dang thun mong gi dngos grub; supreme and common siddhis*
Realizações iluminadas e mundanas.

Símbolo, significado e sinal *brda'don rtags gsum; symbol, meaning and sign*
Três aspectos dos ensinamentos Vajrayana: *símbolo* são as divindades pacíficas e iradas retratadas em pergaminhos pintados, feitos por seres humanos; o *significado* que simbolizam são as qualidades iluminadas inerentes à nossa natureza búdica; o *sinal* é quando naturalmente se manifestam para a pessoa morta durante o bardo de dharmata.

Sinal de luminosidade *brda'i 'od gsal; sign luminosity*
As experiências de luminosidade manifestas durante o bardo da morte.

Sofrimento da mudança *'gyur ba'i sdug bsngal; suffering of change*
Principalmente o sofrimento dos três reinos mais elevados.

Sofrimento do sofrimento *sdug bsngal gyi sdug bsngal; suffering of suffering*
Principalmente o sofrimento dos três reinos inferiores.

Sofrimento todo-penetrante de ser condicionado *khyab pa 'du byed kyi sdug bsngal; all-persavive suffering of being conditioned*
O terceiro dos três sofrimentos. Consiste na continuidade dos cinco agregados que perpetuam a existência condicionada no samsara.

Som desagradável *sgra mi snyan; unpleasant sound*
O continente ao norte do Monte Sumeru.

Som espontâneo de dharmata *chos nyid kyi rang sgra; spontaneous sound of dharmata*
Uma das primeiras manifestações do bardo de dharmata.

Som natural de dharmata *chos nyid kyi sgra rang; natural sound of dharmata*
Uma das experiências durante o bardo de dharmata; a fala vajra inata da natureza búdica.

Sonho *rmi lam; dream*
Aqui especificamente referindo-se a uma das Seis Doutrinas de Naropa.

Sons, cores e luzes *sgra 'od zer gsum; sounds, colors and lights*
As primeiras manifestações do bardo de dharmata, que pertencem à categoria de fenômenos incondicionais.

Sugata *bde bar gshegs pa*
Um Buda.

Sugatagarbha *bde gshegs snying po*
A natureza búdica.

Sukhavati *bde bacan*
O reino puro do Buda Amitabha.

Sumeru *ri rab*
A montanha no centro dos quatro continentes.

Sutra e mantra *mdo sngags; sutra and mantra*
Sutra refere-se aos ensinamentos do Hinayana e Mahayana. Mantra refere-se ao Vajrayana.

Sutra e tantra *mdo rgyud; sutra and tantra*
Sinônimo de Sutra e Mantra.

Sutras *mdo*
Discursos e ensinamentos proferidos pelo Buda Shakyamuni.

Svabhavikakaya *ngo bo nyid kyi sku*
O "corpo essencial", às vezes considerado como o quarto kaya. É a unidade dos três primeiros.

T •

Tantra da união do sol e da lua *nyi zla kha sbyor gyi rgyud; union of sun and moon tantra*
Um tantra Dzogchen.

Tantra hevajra *kye rdo rje'i rgyud; hevajra tantra*
Um tantra Anuttara Yoga.

Tantras *rgyud*
Os ensinamentos vajrayana dados pelo Buda em sua forma sambhogakaya.

Tantras, textos e instruções *rgyud lung man ngag; tantras, texts and instructions*
Neste contexto, o termo refere-se aos ensinamentos Maha Yoga, Anu Yoga e Ati Yoga, respectivamente.

Tashi Tseringma *bkra shis tshe ring ma*
Uma protetora do Dharma do Tibete.

Tathagata *de bzhin gshegs pa*
Um buda completamente iluminado.

Terma *gter ma*
A transmissão de ensinamentos por meio de tesouros ocultos principalmente por Guru Rinpoche e Yeshe Tsogyal para o benefício dos futuros discípulos.

Terra nobre *'phags yul*
Índia.

Thögal *thod rgal*
"Transcender diretamente", um dos dois aspectos principais da prática Dzogchen, sendo o outro Trekchö.

Tilopa
Mahasiddha indiano, guru de Naropa e pai da linhagem Kagyü.

Total liberação do samsara *'khor bayongs grol; fully liberating samsara*
O reino puro do Buda Vairochana.

Tratados *bstan bcos; shastra*
Escrituras compostas por mestres realizados ou eruditos.

Treinamento da mente *blo sbyong; mind training*
Ver Lojong.

Treinamentos do bodisatva *byang chub sems dpa'i bslab pa; bodhisattva trainings*
Os preceitos e práticas de um bodisatva.

Trekchö *khregs chod; cutting through*
Um dos dois aspectos principais da prática Dzogchen. O outro aspecto é Thögal.

Três classes *sde gsum; three sections*
As três divisões do Dzogchen: Classe Mente, Classe Espaço e Classe de Instruções.

Três conjuntos de preceitos *sdom gsum; three sets of precepts*
Ver três votos.

Três excelências *dam pa gsum; three excellences*
O excelente início com a bodicita, a excelente parte principal da não conceituação e a excelente completude da dedicação de mérito. Estes três aspectos devem ser parte de qualquer prática espiritual que uma pessoa faz.

Três joias *dkon mchog gsum; three jewels*
O Buda precioso, o Dharma precioso e a Sangha preciosa. Para uma discussão detalhada, ver *Buddha Nature*, de Thrangu Rinpoche (Rangjung Yeshe Publications, 1988).

Três kayas *sku gsum; three kayas*
Dharmakaya, sambhogakaya e nirmanakaya.

Três mistérios *gsang bagsum, three mysteries*
O corpo vajra, a fala vajra e a mente vajra.

Três mundos *'jig rten gsum; three worlds*
As três esferas de deuses, humanos e nagas.

Três preciosos *dkon mchog gsum; three precious ones*
O Buda precioso, o Dharma precioso e a Sangha preciosa.

Três raízes *rtsa ba gsum; three roots*
Guru, yidam e dakini. O *guru* é a raiz de bênçãos; o *yidam* a raiz de realização; e a *dakini*, a raiz de atividade.

Três reinos *khams gsum; three realms*
Os reinos samsáricos do desejo, da forma e da não forma.

Três rituais *cho ga gsum; three rituals*
Três etapas na visualização de uma deidade: um assento com a sílaba-semente, atributo e divindade.

Três segredos *gsang ba gsum; three secrets*
Ver três mistérios.

Três tipos de fé *dad pa gsum; threefold faith*
A fé que admira, a fé que aspira e a fé que confia.

Três treinamentos *bslab pa gsum; three trainings*
Os treinamentos de disciplina, samadhi e conhecimento discriminativo.

Três veículos *theg pa gsum; three vehicles*
Hinayana, Mahayana e Vajrayana.

Três venenos *dug gsum; three poisons*
Apego, raiva e ilusão.

Três votos *sdom pa gsum; three vows*
Os votos hinayana de liberação individual, os treinamentos mahayana de um bodisatva e os samayas vajrayana de um vidyadhara.

Três yogas *rnal 'byor gsum; three yogas*
Neste livro, os três tantras interiores.

Triquiliocosmo *stong gsum gyi 'jig rten gyi khams; three-thousandfold world system*
A cosmologia do Monte Sumeru e os quatro continentes, multiplicado por mil, três vezes, chegando a um bilhão.

Tripitaka *sde snod gsum; tripitaka*
As três coleções de ensinamentos: Vinaya, Sutra e Abhidharma.

Tríplice excelência *dam pa gsum; threefold excellence*
Também chamada de três excelências, consiste (1) no excelente início da prática com a aspiração de bodicita, (2) na excelente parte principal da não conceituação e (3) na excelente completude com a dedicação de méritos.

Tsogyal *mtsho rgyal*
Khandro Yeshe Tsogyal, a discípula mais próxima de Guru Rinpoche que compilou a maior parte de seus ensinamentos.

Tulku Urgyen Rinpoche *Sprul sku u rgyan rin po che*
Mestre contemporâneo das linhagens Kagyü e Nyingma, que viveu no monastério de Nagi Gompa, no Nepal.

Tummo *gtum mo; chandali*
Uma das Seis Doutrinas de Naropa.

U •

Um instante de ação completa *bya rdzogs kyi skad gcig ma; one instant of completed action*
Um breve momento, como um estalar de dedos, ou um período longo, desde o instante em que se gera bodicita até o estado búdico perfeito e completo.

União dissolvendo-se em sabedoria *zung 'jug ye shes la thim pa; union dissolvind into wisdom*
Uma das etapas do bardo de dharmata.

Unidade dissolvendo-se em sabedoria *zung 'jug ye shes la thim pa; unity dissolvind into wisdom*
Uma das etapas do bardo de dharmata.

Upa *gnyis ka*
O segundo dos três tantras exteriores.

V •

Vairochana *rnam par snang mdzad*
(1) Um dos cindo budas. (2) O grande tradutor na época do Rei Trisong Detsen (século IX).

Vajradhara *rdo rje 'chang*
O Buda dharmakaya da Escola Sarma.

Vajrasana *rdo rje gdan*
O "assento diamantino" sob a Árvore Bodhi, em Bodh Gaya, Índia, onde Buda Shakyamuni atingiu a iluminação.

Veículos causais *rgyu'i theg pa; causal vehicles*
Hinayana e Mahayana. A ênfase desses ensinamentos é considerar o caminho como a causa para atingir a realização: a liberação do samsara, ou completo estado búdico. Os veículos resultantes do Vajrayana, por outro lado, consideram a realização do estado búdico como sendo inerente a todos os seres, e o caminho é simplesmente o ato de retirar os obscurecimentos temporários que nos impedem de perceber isso corretamente.

Veículo vajra do mantra secreto *gsang sngags rdo rje'i theg pa; vajra vehicle of secret mantra*
Ver mantra secreto.

Verdade última/verdade suprema *dondam pa'i bden pa; ultimate truth*
A natureza absoluta da verdade relativa, de que todos os fenômenos estão além de surgimento, permanência e cessação.

Verdadeira alegria *mngon par dga' ba; true joy*
O reino puro do Buda Akshobhya.

Verdadeira luminosidade *don gyi 'od gsal; true luminosity*
Luminosidade vazia.

Verdadeiro significado *ngesdon; true meaning*
O significado definitivo, em oposição ao significado conveniente ou relativo.

Verdadeiramente elevados *mngon mtho; truly high*
Os três reinos mais elevados.

Vermelhidão *dmar lam; redness*
O segundo dos estágios de dissolução sutis de aparecimento, crescimento e consumação.

Vidhyadhara com poderes sobre a duração da vida *tshe dbang rig 'dzin; life-power vidyadhara*
O segundo dos quatro níveis de vidhyadharas, detentores de conhecimento.

Visão hashang *ha shang gi lta ba; hashang view*
A visão propagada no Tibete por mestres budistas chineses. Quando usada em um sentido negativo, significa simplesmente buscar um estado meditativo desprovido de pensamento conceitual, ou seja, sem a clareza do conhecimento discriminativo.

Vitorioso *ba rgyal; victorious one*
Epípeto do Buda Shakyamuni.

Vitoriosos *rgyal ba, jina, victorious ones*
Refere-se aos Budas.

Vitoriosos e seus filhos *rgyal ba sras bcas; victorious ones and their sons*
Os Budas e bodisatvas.

Vidyadhara *rig 'dzin*
"Detentor de conhecimento", detentor [dhara] ou portador do conhecimento [vidya] – do mantra secreto.

Vima
Abreviação de Vimalamitra.

Vimalamitra *dri med bshes gnyen*
Mestre Dzogchen que foi convidado pelo rei Trisong Detsen para viver no Tibete.

Vinte e cinco panditas *mkhas palnga; twenty-five panditas*
Vinte e cinco mestres da linhagem Dzogchen, que vai de Garab Dorje até Guru Rinpoche, Vimalamitra e Vairochana.

Y•

Yama *gshin rje*
Ver Senhor da Morte.

Yeshe Tsogyal *ye shes mtsho rgyal*
Discípula mais próxima de Guru Rinpoche e compiladora de seus ensinamentos.

Yidam *yi dam*
Uma divindade pessoal; dentre as três raízes, o yidam é a raiz da realização.

Yoga *rnal 'byor*
O terceiro dos três tantras exteriores: Kriya, Upa e Yoga.

Que muitos seres sejam beneficiados

O selo eureciclo faz a
compensação ambiental
das embalagens usadas pela
Editora Lúcida Letra.

Este livro foi composto em Andada, Cambria, Karma e Caladea.

Foi impresso na gráfica Vozes, em papel Avena 80g/m², em novembro de 2018.

Cadastre-se em www.lucidaletra.com.br para ser informado de lançamentos da Editora Lúcida Letra.